中国食品安全

政策与案例研究

张　磊　［英］Jennifer Holdaway　王五一
主编

中国農業大學出版社
CHINA AGRICULTURAL UNIVERSITY PRESS
·北京·

内容简介

本书呈现了参与健康、环境与发展论坛（FORHEAD）食品安全工作组以及论坛与中国人民大学食品安全治理协同创新中心合作的学者的部分研究成果。针对食品安全治理的复杂性和复合性，书中的 11 篇论文从跨学科视角和研究框架、政策评述以及案例研究 3 个维度讨论了食品安全治理中的跨学科研究框架的建构、研究方法的创新、政策动态及解读、案例研究的内容，旨在推动食品安全治理领域的跨学科交流合作和政策的整合、创新。

图书在版编目（CIP）数据

中国食品安全：政策与案例研究 / 张磊, (英)贺珍怡(Jennifer Holdaway), 王五一主编. —北京: 中国农业大学出版社，2019.10

ISBN 978-7-5655-2293-2

Ⅰ.①中…　Ⅱ.①张…②贺…③王…　Ⅲ.①食品卫生法 - 研究 - 中国　Ⅳ.①D922.164

中国版本图书馆CIP数据核字（2019）第 226907 号

书　名　中国食品安全：政策与案例研究

作　者　张磊　［英］Jennifer Holdaway　王五一　主编

策划编辑　王笃利　　**责任编辑**　王笃利

封面设计　李尘工作室

出版发行　中国农业大学出版社

社　　址　北京市海淀区学清路甲 38 号　　**邮政编码**　100083

电　　话　发行部 010-62733489, 1190　　读者服务部 010-62732336

编辑部 010-62732617, 2618　　出　版　部 010-62733440

网　　址　http://www.caupress.cn　　**E-mail** cbsszs@cau.edu.cn

经　　销　新华书店

印　　刷　涿州市星河印刷有限公司

版　　次　2019 年 10 月第 1 版　　2019 年 10 月第 1 次印刷

规　　格　787 × 1 092　16 开本　13.25 印张　190 千字

定　　价　65.00 元

前 言

食品安全是当前国民关注的热点问题，也是近几年中国政府立法和机构改革的重要内容。本书呈现了参与健康、环境与发展论坛（FORHEAD）食品安全工作组以及论坛与中国人民大学食品安全治理协同创新中心合作的学者的部分研究成果。FORHEAD 成立于 2008 年，是一个跨学科研究网络，旨在推动环境、健康和发展领域相关学科之间的交流和合作。本书也是在论坛 2014 年出版的报告《中国食品安全：问题、政策和研究现状》① 的基础上，进一步发展跨学科研究框架、关注新的政策动向、深入开展案例研究的成果。本书包括 3 大部分：研究视角和框架，政策评述，案例研究。

食品安全问题是自然环境和人类活动多维度互动的结果，中国地域辽阔，气候多样，加剧了食品安全风险及其所在区域和人群间的分布差异。作为本书的开篇，中国科学院地理科学与资源研究所健康、环境与发展论坛的 Jennifer Holdaway（贺珍怡）和中国科学院地理科学与资源研究所的王五一通过对“镉大米”对人类健康的风险分析，探讨了自然系统和社会系统之间复杂的互动关系。文章展示了跨学科分析如何能够更好地辨识风险水平的影响因子。来自中科院地理科学与资源研究所的王利和同事的第二篇文章展示了中国食品安全分布的全景，尤其是食品生产和相关风险的区域分布，包括重金属和各类种植、养殖过程中的投入。

全面、精确的数据是实现有效食品安全治理的关键。接下来的两篇文章探讨了信息和数据的问题。国家食品安全风险评估中心的肖革

① FORHEAD, 2014. “Food Safety in China: a Mapping of Problems, Governance and Research”, accessed July 18, 2018. http://webarchive.ssrc.org/ cehi/PDFs/Food-Safety-in-China-Web.pdf

新等展示了治理中涉及的来自多个政策部门的信息源，指出亟须进一步在标准化、整合、共享和透明等方面改进，才能充分利用大数据时代的机遇。中国科学院地理科学与资源研究所健康、环境与发展论坛的李筱薇和国家食品安全风险评估中心的吕冰的文章讨论了如何有效发挥中国总膳食研究（total diet study，TDS）的作用及其作为食品安全监测以及风险评估优先选择工具的潜力。文章同时比较了食品领域其他两个主要监测项目（中国营养与健康监测项目和污染物监测网）的优势以及不足。本文的结论是，尽管有其不足之处，TDS 提供了可靠的有害膳食摄入的信息来源，并通过对铅、镉以及农药残留的分析来说明这一点。

当前中国的食品安全治理已经处在一个风险社会、复杂社会、开放社会和多元社会所构成的时代背景中，亟须建立基于食品全链条的监管模式，明确各类相关主体和政策部门的权力和责任，推动协同创新。为此，国务院于 2013 年 3 月发布了机构改革指导意见，指出要政府组织再造，即由食品药品监管部门总领食品生产、流通和消费环节监管。同时，为了确保机构改革的合理性，全国人民代表大会于 2015 年 4 月通过了《中华人民共和国食品安全法》(以下简称《食品安全法》)的修订案，从法律上保障了此次机构改革的各种成果和合法地位。人民大学法学院的王旭解读了 2015 年《食品安全法》的内在逻辑，并以社会共治为重点来突出其制度亮点和治理逻辑的内在转变。中国人民大学食品安全治理协同创新中心的孙娟娟通过对《中华人民共和国农产品质量安全法》(以下简称《农产品质量安全法》) 的立法初衷、制度安排及修订趋势的阐述，在评述该法律的同时也介绍了中国针对食品安全的立法新动向。农业农村部农村经济研究中心金书秦和西藏大学的周芳基于农业部 2015 年《到 2020 年化肥使用量零增长行动方案》和《到 2020 年农药使用量零增长行动方案》的主要内容，从政策创设、地方实践、技术支撑和已取得成效 4 方面分析了行动方案的可行性，探究了其存在的问题和面临的挑战，提出了推进化肥、农药零增长工作的建议。这 3 篇政策评述整体上认为当前的政策回应了之前食品安全治理中的缺陷，但同时指出了所面临的挑战，例如，针对不同地区不同产品的特点精准治理，专业人员的缺乏，社会治理中有效参与渠道缺乏等。

改革和政策的有效性需要在实践中进行检验。4个案例研究分别从消费者角度、生产者角度和农村社区参与食品安全社会治理和环境治理的角度分析了现实中面临的挑战。来自昆明医科大学的方菁和云南大学的刘艳芳基于对云南省某蔬菜种植大县的调研，研究了农户对农药导致的食品安全风险的认知和通过食用自留地蔬菜以期达到自我保护的行为，讨论了农户这种希望通过采取反向隔离措施来规避风险的局限性及其对食品安全社会共治的影响。云南省社会科学院农村发展研究所的王献霞和张云熙基于对云南省两个农村社区的调查，揭示了作为生产者和消费者双重身份下的农民在食品安全中面临双重危险。广东省生态环境技术研究所的陈能场等调查分析了广州大米的镉含量及其对弱势群体的健康风险。结果表明，低收入群体面临着较高的镉风险，公众迫切需要获得关于稻米中镉的科普知识。福建农林大学可持续发展研究所的苏时鹏等基于福建西芹水厂水源地周边农村144个农户和17个村委调查数据进行案例研究，发现农村环境治理公众参与行为不仅取决于其行为意向，还受心理认知、内外部条件及政府管制等因素的影响。这些案例研究显示，现实中不同主体的决策和行为受到规制力度、经济刺激、信息等到多种因素的影响，实现食品安全的社会共治，需要确实了解不同主体的行为动机，创新激励机制和参与途径。

当前，中国政府高度重视食品安全治理，新的法律、法规和政策措施频出，就更需要在决策全过程中体现科学决策、公开透明、有效参与、协同共治。然而，中央的政策在地方执行是否顺畅、政策目标是否实现以及实现程度如何均缺乏独立科学的评估。本书的研究有助于构建面向食品系统的跨学科研究框架、推动跨学科的合作，为政策制定提供更全面的依据。

本书中的11篇研究成果针对性地讨论了食品安全治理中的研究框架、研究方法、政策动态和解读、案例研究。论文集收录的所有论文英文版首次发表于 *Journal of Resources and Ecology* ［《资源与生态学报》(英文版)]专刊：Food Safety in China: Policies and Case Studies[①]。此次中文版的编印，可以让更多的人分享研究成果，推动食品安全治理领域的跨学科交流合作和政策的整合、创新。

本书中的所有论文都经历了中文稿的撰写、英文稿的转化和审阅，再到中文稿的修订。在此，特别感谢持有严谨科研态度的所有作者，感谢大家在出版过程中的持续支持和合作。

编写过程中的疏漏之处，敬请读者批评指正。

编者／张磊 Jennifer Holdaway 王五一
2018 年 7 月 19 日，北京

① “Food Safety in China: Policies and Case Studies”, Special Issue, Journal of Resources and Ecology, 2018 Vol. 9 No.1.

目 录

>>> （一）跨学科视角和研究框架

>>> （二）政策评述

>>>（三）案例研究

（一）

跨学科视角和研究框架

01

从土壤污染到“镉大米”，进而对公众健康的影响

——驱动因素和解决方案的跨学科分析

统稿编辑[①] / Jennifer Holdaway* 王五一**

摘要：本文论述了在中国大米镉污染的原因，并指出了问题的严重性。认为仅仅从土壤中镉的含量简单推断其健康危害具有误导性，因为农作物对于镉的吸收以及对于健康的危害受多种因素的影响。不仅包括镉的背景水平以及采矿和工业活动造成的污染，而且与土壤性质、气候条件以及农作物的种类密切相关。社会和文化因素，以及饮食习惯、其他污染源、营养状况和健康情况也会影响镉的摄入量，并关系到健康影响的严重程度。基于这些原因，我们认为跨学科的分析对于更好地了解镉污染对健康的影响模式以及制定有效的干预措施至关重要。

关键词：土壤污染；食品安全；镉；大米；环境健康；中国

Abstract: This article discusses the causes of the contamination

① 本文由 Jennifer Holdaway、王五一起草，但综合了中国健康、环境与发展论坛（FORHEAD）的跨学科团队的调查结果和分析。按姓名拼音字母排序，该团队成员有蔡超、陈能场、方菁、李海蓉、李永华、李筱薇、安娜·劳拉·韦恩莱特（Anna Lora-Wainwright）、陆继霞、冉圣宏、苏时鹏、王五一、杨林生、张秀武和郑蕊。我们还想对湖南省凤凰县疾病控制中心的滕树忠提供的支持和投入表示感谢，对王医生及所有其他参与凤凰项目的村民表示感谢！

* 英国牛津大学跨学科区域学院，中国科学院地理科学与资源研究所中国健康、环境与发展论坛（FORHEAD）。

** 中国科学院地理科学与资源研究所。

of rice with cadmium in China and considers what we know about the severity of the problem. It argues that it is misleading to extrapolate simply from levels of cadmium in soil to health risks, because the uptake of cadmium by crops and the health impacts of the metal are affected by multiple factors. These include not only background levels of cadmium and pollution from mining and industry, but also soil quality, climatic conditions and the type and variety of crops grown. Social and cultural factors, including dietary habits, other exposure sources, nutritional quality and general health status will also affect the intake of cadmium and the severity of health impacts. For these reasons we argue that interdisciplinary analysis is crucial to a better understanding of patterns of risk to health from cadmium pollution, and to the design of effective responsive measures.

Key Words: soil pollution; food safety; cadmium; rice; environmental health; China

一、前言

最近几年，"镉大米"成为中国报道最广泛的食品安全问题之一。尽管农业部（现为农业农村部）和科研人员的以往研究发现中国不同地区食物样本中镉含量超过了国家标准[①]，但是直到 2013 年，媒体报道广州市食品药品监督管理局发现市场和餐馆销售的大米样本中镉含量超标以后，这个问题才开始受到更多关注[②]。2014 年，国家发布了《全国土壤污染状况调查公报》。该数据显示，16% 的土壤样本发现重

① Zhang X et al.，2012."Impacts of lead/zinc mining and smelting on the environment and human health in China", *Environmental Monitoring Assessment* 184(4), pp. 2261-2273.

② Pang J et al., 2013."Confronting China's cadmium-laced rice crisis: Doing nothing about toxic cadmium in rice paddies appears to be no longer an option in Hunan province", *Caixin Online,* accessed June 5, 2013. http:// english.caixin.com/2013-06-05/100537850.html.

金属含量超标①。

公众对污染大米的担心可以理解，因为谷物是中国人的主食。像其他重金属一样，镉超标严重影响健康：它损害肾功能和骨骼，还能引起各种癌症②；镉在肾脏中的生物半衰期为 6 ～ 38 年，在肝脏中为 4 ～ 19 年。因此，通过食物累积暴露可以使镉在人体内缓慢增多，而人们只有在镉严重威胁到自身健康的时候才会意识到这个问题③。最著名的镉中毒事件就是日本富山县暴发的“痛痛病”，在 1968 年的法院判决中认为是由工业污染造成的。

那么，在中国由镉引起的食品安全风险实际上有多大呢？多少人群受其影响，情况有多严重？这个问题为何比表面看来更难回答，在中国了解和响应重金属污染相关的食品安全风险又为何需要采取跨学科的方法？本文将就这几个问题做出解释。接下来，我们将对造成大米镉污染、影响镉在不同人群的暴露程度以及影响我们掌握的镉相关信息来源的一些因素进行探讨，并详述了解土壤和农作物中重金属含量、它们在饮食中的摄入量与其健康影响之间复杂关系的重要性，探讨在中国这个背景之下我们对所有这些问题的了解情况。论证需要采用跨学科方法，了解风险的模式，识别潜在易受伤害的人群，并提出适合不同环境的解决方案。

二、影响镉中毒风险的因素

人们可以通过几种不同的暴露途径受到重金属的危害，包括呼吸

① 中华人民共和国环境保护部和中华人民共和国国土资源部，2014.《全国土壤污染状况调查公报》，载中华人民共和国环境保护部官网：http://www.zhb.gov.cn/gkml/hbb/qt/201404/W020140417558995804588.pdf，最后访问日期：2018 年 7 月 20 日。

② U.S. Department of Health and Human Services, 2012.“Toxicological profile for cadmium”, by Public Health Service, Agency for Toxic Substances and Disease Registry, accessed June 20, 2018. http://www.atsdr.cdc.gov/toxprofiles/tp.asp ？ id=48&tid=15.

③ Agency for Toxic Substances and Disease Registry (ATSDR), 2011.“Cadmium toxicity. What is the biological fate of cadmium in the body ？ ”, accessed July 20, 2018. http://www.atsdr.cdc.gov/csem/csem.asp ？ csem=6&po=9.

系统、皮肤及食物和饮用水。汞、铅和砷[①]等重金属对健康也有严重影响，它们也可以在食品或水中累积。镉对健康有严重的影响，大米是中国居民一个非常重要的主粮，所以我们在这里主要关注镉和大米的问题。中国是世界第二大大米生产国，2016 年产量为 2.069 亿 t[②]，也是第七大大米消费国，2010 年人均年大米消费量约为 86kg[③]。

要了解镉暴露对特定人群的健康风险等级，我们需要了解 4 个问题：1）土壤中的镉含量由什么决定？ 2）农作物吸收镉的数量由什么决定？ 3）镉被不同人群以食物形式摄入的数量由什么决定？ 4）摄入的镉对人体健康的影响由什么决定？下面我们将介绍了解这些因素并弄清如何最有效地减小风险。这些问题的阐释需要具备丰富的自然、医疗和社会科学知识，包括土壤化学、植物生化学、毒理学、流行病学、营养科学、农业科学、农村发展、社会心理学、人类学以及跨部门的公共政策等。表 1（见文后）总结了从土壤污染到食品安全的多种影响因素和路径。

本文讨论了从国家层面上了解到的这 4 个问题的信息，同时提出了针对健康、环境与发展论坛（FORHEAD）开展的一项特定案例的研究分析。该案例是在中国科学院地理科学与资源研究所的医学地理学者所做的前期工作的基础上开展的。自 2009 年以来，FORHEAD 支持了一系列来自多个学科领域的自然、医学和社会科学家实施的相互联系的研究项目，以探索湘西一个县（凤凰县）的重金属采矿的环境、健康与发展状况。在该案例中，小规模采矿与农业同时存在。案例所呈现的情况在中国非常普遍，案例还显示了降低重金属污染对健康的风险方面所涉及的多种挑战。

本文属于“编辑”类的文章。这是因为相关材料虽然由作者综合

---

① 砷不属于重金属，但通过这些暴露途径会有严重的健康影响且有损害健康的习性，所以通常包含在土壤和水的重金属检测中。

② Lu Y, 2016.“China’s Agricultural Production and Trade in 2016”, *UK-China Sustainable Agriculture Innovation Network* (*SAIN*) *Information Sheet No*.7, accessed July 20, 2018, http://www.sainonline.org/pages/zhishiku/ 信息通报 /Inforsheet%20No%207.pdf.

③ Mohanty S, 2013. Trends in global rice consumption. *Rice Today*, Jan-Mar (2013), pp. 44-45.

整合，但离不开所有团队成员提供的实证研究和分析。

三、污染：从土壤到农作物

通过空气排放的重金属污染可以残余在农作物表面。这里我们关心的是农作物从土壤中吸收重金属时发生的污染问题。《全国土壤污染状况调查公报》（2014 年）称，中国分别有 11.2%、2.3%、1.5% 和 1.1% 的土壤受到轻微、轻度、中度和重度污染，整体超过国家标准 16.1%，采矿区的土壤污染超过国家标准 33.4%。这些数字在农田土壤中表现更高一些，总体上超过安全标准 19.4%，分别有 13.7%、2.8%、1.8% 和 1.1% 受到轻微、轻度、中度和重度污染。这些数字是基于 1995 年通过的《土壤环境质量标准》（GB 15618—1995）中规定的土壤中重金属安全含量标准判定的。

一些媒体的报道暗示，从这些土壤污染统计数字可以直接推断出食品的重金属暴露风险，但这是具有误导性的，土壤中的污染对于农作物的影响由多种因素决定。

（一）重金属背景值和人为来源

首先，需要关注一个非常重要的概念：土壤中存在的重金属不仅仅是污染造成的。镉和其他重金属是地球地壳化学成分的一部分，它们在世界各地的含量各不相同。在金属开采地区，土壤中的重金属含量通常都高，土壤中某种金属天然存在的含量被称为“背景值”。在中国，重金属沉积从东北延伸到西南形成一条广阔的地带[①]。我们在凤凰县的考察现场就位于该地带内。人类的各种活动也可以增加土壤中重金属的含量，对镉而言，这些活动包括采矿和金属冶炼。镉用于电池、电镀和其他制造工业，铅锌开采过程中也会释放镉，镉污染的其他来源还包括钢铁生产、化石燃料燃烧以及废物焚烧。此外，污水污泥、

① Zhang X et al., 2012."Impacts of lead/zinc mining and smelting on the environment and human health in China", *Environmental Monitoring Assessment* 184(4), pp. 2261-2273.

动物粪便和磷肥中有时也含有镉①。

采矿活动集中在拥有大型矿床的地区，金属加工业也是如此，主要集中在中国东北、上海及广东的主要工业中心周边地区，从而导致这些地区的污染状况比较集中②。2007 年，中国铅锌开采和冶炼的排放物分别达到 162 万 t 和 332 万 t。选矿流程是总排放量的主要贡献者（几乎占到 50%），铅和镉是其中主要的污染物②。环境保护部（现为生态环境部）和国土资源部（现为自然资源部）的报告称，7% 的样本发现镉含量超标，其中 5.2%、0.8%、0.5% 和 0.5% 的污染水平分别为轻微、轻度、中度和严重；矿区和工业区的镉含量最高③。

这些数字引起了人们的普遍担忧，但我们在利用这些数字解释污染对食品安全的影响时应当保持谨慎。抽样范围很大（4 km^2），但实际污染的分布既不可能均匀又不会随机。因此，这些数字很有可能在一些地方低估了污染程度，而在另一些地方又高估污染程度，这种采样方式也不一定会测出准确的平均结果。一些抽样范围较小且更加详细的调查目前正在开展，应该能让我们对遭受污染的实际土地面积做出更准确的估计。然而，开展细粒度检测成本高昂，而且需要较长的时间，所以我们主要关注那些已知的面临污染危险的地区。目前，也有学者在开发各种地质统计模型，以便估计不同程度污染的分布状况④。

解释这些土壤污染统计对食品安全的影响需要谨慎的另一个原因是：虽然重金属含量高，不论是天然存在，还是由污染造成，都有可能导致农作物污染，但是发生这种情况，还必须满足一些其他条件。

---

① Alloway B J and Steinne E, 1999.“Anthropogenic Additions of Cadmium to Soils”, in McLaughlin M J, and Singh B R, eds., Cadmium in soils and plants, Dordrecht: Boston; London: Kluwer Academic Publishers.

② Zhang X et al., 2012.“Impacts of lead/zinc mining and smelting on the environment and human health in China”. *Environmental Monitoring Assessment* 184(4), pp2261-2273.

③ Pang J et al., 2013.“Confronting China’s cadmium-laced rice crisis: Doing nothing about toxic cadmium in rice paddies appears to be no longer an option in Hunan province”, *Caixin Online*, accessed June 5, 2013, http:// english.caixin.com/2013-06-05/100537850.html.

④ 谢云峰：《基于地统计条件模拟的土壤重金属污染范围预测方法研究》，载《环境污染与防治》2015 年第 37 卷第 1 期。

这些条件包括土壤的质量和 pH、水分含量、温度以及所种植农作物的类型和品种。在以下章节中我们将依次讨论这些因素。

（二）镉的移动性：土壤质量、农作物品种和作物富集能力

不同的重金属均具有其特殊的化学特性，在土壤中产生不同作用，不同的重金属与植物也相互作用。尤其重要的是，不同的重金属在不同的环境下具有不同的生物可利用性（能够被农作物吸收）。土壤酸碱度和 pH 通常被认为是影响土壤中重金属被吸收的最重要的变量：植物摄取的镉含量随着土壤 pH 的降低而增加[①]。影响重金属移动性的其他因素包括土壤有机质含量（高含量有机质往往会降低植物对镉的吸收）、土壤水分含量以及温度。后两种因素意味着，即使同一种农作物在一年的不同时间在同一块田地里种植（比如早稻和晚稻），可能吸收的重金属含量也不尽相同。由于气候变化不定，这些因素可能很难预测或控制。然而，由于镉的化学特性，镉通常是移动性最强的重金属元素[②]。

总体来说，中国的土壤状况不佳，超过一半的耕地缺乏微量元素、磷、钾、有机质含量低[③]。由于长期的农业耕作，中国南方的大多

---

① Chaney RL，2012. "Food safety issues for mineral and organic fertilizers"，*Advances in Agrononomy* 117，pp. 51-116.
McBride MB, 2002. "Cadmium Uptake by Crops Estimated from Soil Total CD and pH"，Soil Science 167(1), pp. 62-67.
Chaney RL et al., 1999. "Soil cadmium as a threat to human health"，in McLaughlin MJ, Singh BR, eds, *Cadmium in Soils and Plants*. Kluwer Academic Publishers, Dordrecht, pp. 219-256.

② Zhang X et al., 2012. "Impacts of lead/zinc mining and smelting on the environment and human health in China"，*Environmental Monitoring Assessment* 184(4), pp. 2261-2273.

③ China Council for International Collaboration on Environment and Development (CCICED), 2010. "Developing policies for soil environmental protection in China"，*Report of the Task Force to the CCICED Annual General Meeting* 2010, accessed May 29, 2012, http://www.cciced.net/encciced/policyresearch/report/201205/P020120529358298439639.pdf.

数土壤呈现酸性[①]。这意味着虽然镉的背景值低于日本，但在中国重金属的植物摄取率往往更高，甚至有可能出现土壤中的重金属含量在国家标准容许限值内时，农作物的重金属含量也有可能超标[②]。

种植的农作物品种是另一个关键因素。有些粮食作物品种的镉吸收率远高于其他作物，这些粮食作物包括水稻、硬粒小麦、向日葵、亚麻、花生、马铃薯、大豆、卷心菜和菠菜等多种绿叶蔬菜。其他植物可能累积镉，但不是累积在人们通常所食用的植物部位[③]。然而，即使同样的农作物品种，不同栽培品种的镉吸收率可能差别很大[④⑤]，同样的栽培品种对于不同的污染水平反应也不同[⑤]。

在当下的中国，这些差异非常重要。例如，主要在中国北方种植的粳稻，其镉吸收率就比主要在南方种植的籼稻差。但即使在这两大类水稻品种内也存在差异。中国水稻种植实验发现，根据土壤条件和污染程度，栽培品种的差异对于镉含量是否处于安全范围内具有重要的影响[⑤⑥⑦]。

---

① 吴永宁、李筱薇：《第四次中国总膳食研究》，化学工业出版社，2015 年版。

② China Council for International Collaboration on Environment and Development (CCICED). 2010. "Developing policies for soil environmental protection in China", *Report of the Task Force to the CCICED Annual General Meeting* 2010, accessed May 29, 2012. http://www.cciced.net/encciced/policyresearch/report/201205/P020120529358298439639.pdf

③ Chaney RL et al., 1999. "Soil cadmium as a threat to human health", in McLaughlin MJ, Singh BR, eds, *Cadmium in Soils and Plants*. Kluwer Academic Publishers, Dordrecht, pp. 219–256.

④ Grant CA et al., 2008. "Selection and breeding of plant cultivars to minimize cadmium accumulation", *Science of the Total Environment* 390, pp. 301–310.

⑤ Yu H et al., 2006. "Cadmium accumulation in different rice cultivars and screening for pollution-safe cultivars of rice". *Science of The Total Environment* 370 (2–3), pp. 302–309.

⑥ Chen N. 2015. *Report to the FORHEAD Summer Institute*, Unpublished.

⑦ Shi, J et al., 2009. "Variation of grain Cd and Zn concentrations of 110 hybrid rice cultivars grown in a low-Cd paddy soil" ,Journal of Environmental Sciences21(2), pp. 168–172.

（三）农业生产与食品安全

以上两节内容表明，食品安全不仅是土壤中重金属含量的问题，而且还涉及农业生产。具体来说，退化土壤或酸性土壤的农业生产通常会提高重金属的流动性，而改善土壤质量、提高土壤 pH 的农业生产则会降低重金属的流动性[①]。水稻栽培品种的选择也非常重要，因为不管是哪种重金属，总有些品种的富集率会比其他一些品种高[②③④⑤]。总之，这意味着，一方面，即使土壤处于安全标准范围内，水稻的重金属含量还是有可能超标；另一方面，有时在土壤超标的情况下，也有可能种植出安全的食物。

因此，农业投入品（尤其化肥）的使用、土壤保护等农业生产规范对保证食品长期安全非常重要。在中国，这些因素之间的负向关系在许多地方都存在，多种因素叠加在一起，可能形成重大的镉暴露风险。第一，在许多地方同时存在金属开采加工与水稻生产；第二，土壤质量往往因过度使用化肥和精耕细作而变差；第三，具有较高镉累积率的籼稻也在高背景含量地区种植。中国为了提高产量而推广的某些高产品种重金属吸收率较高[⑥]。

在此，我们希望表明：在中国，虽然有相当比例的土壤中镉含量超标，但是在特定情况下，单独的土壤标准尚不足以保证水稻免受污染。接下来我们将详细讨论降低风险的方法，但其意义显而易见：农

---

① Chaney RL.2012. “Food safety issues for mineral and organic fertilizers” , Advances in Agrononomy 117, pp. 51–116.

② Chen N. 2015. *Report to the FORHEAD Summer Institute*, Unpublished.

③ Shi, J et al., 2009. “Variation of grain Cd and Zn concentrations of 110 hybrid rice cultivars grown in a low-Cd paddy soil” ,Journal of Environmental Sciences21(2), pp. 168–172.

④ Yu H et al., 2006. “Cadmium accumulation in different rice cultivars and screening for pollution-safe cultivars of rice” . *Science of The Total Environment* 370 (2–3), pp. 302–309.

⑤ Grant CA et al., 2008. “Selection and breeding of plant cultivars to minimize cadmium accumulation” , *Science of the Total Environment* 390, pp. 301–310.

⑥ Shi J et al., 2006. “Variation of grain Cd and Zn concentrations of 110 hybrid rice cultivars grown in a low-Cd paddy soil” , *Journal of Environmental Sciences* 21(2), pp. 168–172.

业生产操作既是水稻的重金属污染的原因，又有可能成为其解决方案；评估及应对重金属镉通过食物暴露的问题，了解农业生产操作的作用非比寻常。

（四）应用到凤凰县

FORHEAD 团队开展调研的农村地区正好呈现了这些复杂的关系。案例点位于湖南西部的凤凰县山区。一方面，尽管旅游业让该县县城变得很富裕，但是偏远的农村地区依然贫困。另一方面，该地区矿产丰富，特别是铅锌矿①。20 世纪 70 年代以来，这些矿产被逐步开采，先是被一家大型国有矿山企业开发，后来该企业私有化后继续开采。当地农民也会在自己承包的土地上挖许多小矿洞。结果造成到处尾渣堆积并形成各种大小的废水池。镉是铅锌矿的副产品，再加上铅、汞及砷对人类健康构成潜在风险②③。其他重金属和其他暴露途径也很重要②③④，但为了清楚起见，我们在这里主要关注大米中的镉，对其他问题只做有限的讨论。

自 2005 年以来，中国科学院地理科学与资源研究所的医学地理学者在该地区开展了研究。他们首先检测了土壤和地表水中的重金属，随后检测了食品和饮用水，以了解人体暴露的主要途径。他们还同时检测了当地居民的头发和血液②③。

最初检测发现，正如所料，整个地区的重金属的背景值都很高，甚至在无开采作业的参照区也是如此。因此，整个区域有一种普遍存在的潜在风险需要考虑，因为在土壤酸度和气候因素都比较差的条件

① 附近地区也开采汞，汞会造成污染，但为了方便说明，我们这里只介绍 FORHEAD 的研究地点的情况。

② Li Y et al., 2013. “Blood mercury concentration among residents of a historic mercury mine and possible effects on renal function: a cross sectional study in south-western China”, *Environmental Monitoring Assessment* 185, pp. 3049-3055.

③ Zhang X et al., 2012. “Impacts of lead/zinc mining and smelting on the environment and human health in China”, *Environmental Monitoring Assessment* 184(4), pp. 2261-2273.

④ Sun H et al., 2010. “Environmental contamination and health hazard of lead and cadmium around Chatian mercury mining deposit in western Hunan Province, China”, *Trans Nonferrous Metal Soc China* 20, pp. 308-314.

下，这些金属可能会被作物吸收。采矿区的镉含量比对照区高①②，尽管对照区的砷含量更高②，但情况相当复杂。2005 年和 2013 年间开展的多次检测发现，土壤中各种重金属的含量随着时间的推移差异很大，无法完全预料，但采矿活动下游地区的重金属含量普遍更高②。

因此，本案例表明，4 km^2 的抽样范围调查对于了解特定地区的风险用处甚小。即使在 1 km^2 的抽样范围内，土壤中的重金属含量差异仍然可能很大。并且，情况在不断发生变化。近期检测显示，多数地区的重金属含量均呈下降趋势，这很可能是由于更严格的环保措施和矿产的价格下跌综合造成采矿活动强度下降所引起的②③。由此也可看出，通过预防和控制采矿污染，从源头解决污染大米问题的重要性。

2009 年，中国科学院地理科学与资源研究所的团队检测了粮食作物和饮用水中的 4 种重金属和砷的含量，并开展了暴露途径分析。他们发现，大米是重金属暴露的主要来源，占村民总暴露量的 90%，还发现镉是其中最严重的问题②。考虑到镉元素具有较高的生物可利用性，且该地区又种植籼稻品种，所以这一点并不奇怪。但 2013—2015 年，该团队对土壤和农作物的进一步检测发现，镉含量低于基于土壤样本的预料。这可能是因为该地区的土质较好，土壤酸度并不很高的原因。这些检测还表明，该地区的不同田地所种植的水稻中的镉含量各不相同，而且并不总与土壤中的镉含量相关③。甚至惊奇地发现，在一处矿山尾渣池下面种的水稻，虽然土壤已被重金属严重污染，但水稻的镉含量却在安全范围之内③。随后发现是该田地的农民施用了碱性肥料所致。

以上事例说明，农业生产操作在降低粮食作物污染方面的作用至关重要。然而，自然条件和人类活动的复杂交互影响可以到风险等级，也能够对风险传播和干预制造障碍。例如，在凤凰县的案例中，大多

① Li Y et al., 2013. “Blood mercury concentration among residents of a historic mercury mine and possible effects on renal function: a cross sectional study in south-western China”, *Environmental Monitoring Assessment* 185, pp. 3049-3055.

② Zhang X et al., 2012. “Impacts of lead/zinc mining and smelting on the environment and human health in China”, *Environmental Monitoring Assessment* 184(4), pp. 2261-2273.

③ Chen N, 2015. *Report to the FORHEAD Summer Institute*, unpublished.

数农民面临的风险并不高，但确实存在一定数量的农田中生产的大米不安全，如果采矿污染加重或土质变坏，面临风险的农民比例很容易上升。因为长期暴露在重金属高背景下，所以当地农户也需要尽可能地把摄入量保持在最低水平。

（五）经济、文化和心理因素

前面我们主要关注的是自然环境和农业生产操作对食品安全的影响，但我们也同样关心社会因素。既然已对凤凰县村民的健康构成了风险，那为什么村民依然从事开采活动？或既然水稻是镉暴露和其他重金属暴露的主要来源，那为什么他们还继续种植水稻和食用大米？FORHEAD 的团队中有一群社会科学家，他们就是为了探索这些问题。关于他们调查结果的详细报告，可见 Lu and Lora Wainwright（2014）、Zheng（2015）和 Ran（2012）的文章，我们在此处做一简要总结[①②③]。

1958 年在我们的案例农村地区，一家县属国家矿山公司成立并在 20 世纪 70 年代大幅扩展业务。该公司征用了大量农业用地，还从外地引进工人，为当地村民创造的就业机会很少，同时还造成了严重的污染。当时，村民的主要要求是能够自己开采矿产。20 世纪 80 年代，经济改革解散了集体农业，田地承包给农民，矿产品的价格飞涨。许多村民开始单独或合作在自家地里挖坑[②④]。尽管有些村民未能找到足够的矿层而亏本，但采矿和相关副业活动仍旧大幅提高了许多家庭的收入。Ran（2012）发现，平均来说，采矿活动达到峰值时，带来的

① Lora Wainwright A, 2017. *Resigned Activism: Living with Pollution in Rural China*. MIT Press.

② Zhang X et al., 2012. "Impacts of lead/zinc mining and smelting on the environment and human health in China", *Environmental Monitoring Assessment* 184(4), pp. 2261-2273.

③ Ran S, 2012. *Land use and livelihood change*. Presentation at FORHEAD Annual Conference at Beijing, panel on Interdisciplinary environment and health research on rural mining in Fenghuang county, Hunan province. unpublished.

④ Lu J and Lora Wainwright A, 2014. "Historicizing Sustainable Livelihoods: A Pathways Approach to Lead Mining in Rural Central China", *World Development* 62, pp. 189-200.

收入是农业收入的6倍，许多家庭超过一半的收入来自采矿。从事采矿活动不需要离开家乡和家人，所以人们愿意从事采矿，而不愿意移民。移民是另一种主要的非农生计选择[①②]。

尽管采矿的经济回报分布不均，但很明显仍然是村民从事这项活动的强大动力，即便他们能够意识到采矿对当地环境造成的损害：2012年，只有28%的村民说，他们有点（26%）或非常（2%）反对采矿[③④]。显然，为了保护当地环境和公众健康而停止采矿是值得的，但该地区贫困，面临的一个主要挑战是当地农户如何通过其他方式提高收入、改善生活。这在一个太过偏僻而无法吸引大量游客且自然风光又被采矿破坏的地区并不容易。当前，人们正在探索种植高价值水果的可能性，但尚未看到这种做法是否可行。另一个由政府发起的扶贫方法就是鼓励村民迁移到当地乡镇，但到目前为止，似乎很少有村民愿意迁移，因为给予的补助金很低，工作机会也很有限。因此，依然存在的风险是，一旦矿产品价格上涨，相关措施执行松懈，村民将会重返采矿业[⑤]。

村民直到最近才意识到污染大米对健康的风险。确实，很多人意识不到这种不是很快就能表现出来的风险。社会心理学的研究发现，人们通常更容易重视可见的严重风险，而忽视那些不太明显、起效时间较长的风险，以及那些被看作自己无法控制的风险而非自身行为的结果风险[⑥]。上述这些因素在本案例中表现得比较明显。村民对水的健

① Lu J and Lora Wainwright A, 2014. "Historicizing Sustainable Livelihoods: A Pathways Approach to Lead Mining in Rural Central China", *World Development* 62, pp. 189-200.

② Ran S, 2012. Land use and livelihood change. Presentation at FORHEAD Annual Conference at Beijing,, panel on Interdisciplinary environment and health research on rural mining in Fenghuang county, Hunan province. unpublished.

③ Zheng R et al., 2015. "The more involved in lead-zinc mining risk the less frightened: a psychological typhoon eye perspective", *Journal of Environmental Psychology* 44(Dec), pp. 126-134.

④ FORHEAD, 2015. *Interdisciplinary Report on Environment and Health in a Rural Mining District in Ciyan Township*, Fenghuang County, Hunan.

⑤ 个人交流，湖南省凤凰县疾病控制中心滕树忠，2017年1月2日。

⑥ Slovic P, 1987. "Perception of risk", *Science* 236(4799), pp. 280-285.

康风险关注度远高于对食品的关注度①。

尽管媒体集中报道了“镉大米”，但在后来与村民的一次座谈中，有些村民还是表示出对铅的担忧更甚于镉。这种反应是可以理解的。土壤和水的重金属污染都是无形的，但由于采矿大大减少了供水，使地表水变黑发臭，村民们本能的对此非常担忧。考虑到当时村民还在开采铅锌矿，因此铅锌是他们担心的污染物。而虽然镉是铅锌的副产物，但是他们意识不到这也是一个问题。村民还普遍关心如何获得足够的饮用水供给②，但食品安全这个附加的问题对他们来说不突出。虽然受到地下水位下降的影响③，但农户仍然可以生产水稻。这种情况下，水稻产量的下降才是村民最关心的问题。前期研究还发现，即使住在严重污染的地区，农民往往对自己种植的作物在安全性方面比市场购买的食品更有信心，这可能是因为他们更了解自己作物的生产情况①。

鉴于政府推出了改善农村饮用水的供给（改水）计划，管道供水问题的需求有望得到解决。此前，政府已向村民承诺过改水，但从来没有有效提供过管道供水②。这个需求的满足还不会影响村民继续采矿的短期经济利益。村民无法从政府获得充分的风险信息，直到不久前他们才从该地区开展的科学研究获知污染给他们带来各种风险，这一事实加剧了村民的担忧。

四、市场、饮食及摄入量：从农作物到人体

放下镉如何进入作物这个复杂的问题先不谈，那么中国有多少人通过大米吃进了过多的重金属镉呢？这里牵扯两个问题：镉含量“超

① Lora Wainwright A, 2013. “Plural forms of evidence and uncertainty in environmental health: a comparison of two Chinese cases”, *Evidence & Policy: A Journal of Research, Debate and Practice* 9(1), pp. 49–64.

② Lora Wainwright A, 2017. *Resigned Activism: Living with Pollution in Rural China*, MIT Press.

③ Ran, S. *Land use and livelihood change. Presentation at FORHEAD Annual Conference, panel on Interdisciplinary environment and health research on rural mining in Fenghuang county, Hunan province*. Beijing, 2012, unpublished.

标”的大米所占的比例；特定人群的实际镉“摄入”量。

中国的食品安全标准规定大米中允许的镉限量标准为每千克 0.2 mg。这比其他一些国家的每千克 0.4 mg 的标准严格，因为这涉及第二项标准：镉的最高摄入量，这被认为一个人每周或每月摄入镉的耐受量。对于这一点，中国采用了世界卫生组织的镉暂定每月可耐受摄入量每千克体重为 25 μg（即对于平均体重为 60 kg 的女性或 70 kg 的男性来说，每天的镉摄入量为 50 ～ 58 μg）。中国疾病预防控制中心为大米设定了严格的标准，因为大米是中国人的主粮，与其他大米消费量较少的国家人群相比，中国人可能更快达到耐受量水平[①]。

（一）大米中的镉含量

虽然摄入量是衡量镉的健康风险的最终标准，但了解镉含量超标大米的比例所反映的潜在风险也很重要。不幸的是，基于两个原因，我们并不能确切掌握这个数字。第一，有些大米从来没有流入市场，而是由自给自足的农民在当地种植消费掉了；这在大米总消费量中所占的比例是未知的。第二，虽然所有商业出售的大米均经过了检验并依据整个籽粒及其他物理属性进行了分级，但所有送往市场的大米从未接受过重金属检测。尽管政府根据全国大米贮存设施中关于砷检测的情况发布了一组数据，可能因镉问题太过敏感而未发布镉的类似数据[②]。

因此，我们当前可用的大米镉含量的数据主要有两个来源：首先是收割时的农作物的样本检测或各种零售店出售的大米的样本检测。例如，2013 年，广州市食品药品监督管理局（GMFDA）和广东省食品安全办公室发现市场上和餐馆中出售的大米样品中镉含量超标[③]。

① 吴永宁、李筱薇：《第四次中国总膳食研究》，化学工业出版社，2015 年版。

② Li X, Lyu B, 2018. “The Total Diet Study: Changes in Food Safety Since the First TDS”, *Journal of Resources and Ecology* 9(1), pp. 28-38.

③ Pang J et al., 2013. “Confronting China’s cadmium-laced rice crisis: Doing nothing about toxic cadmium in rice paddies appears to be no longer an option in Hunan province”, *Caixin Online*, accessed June 5, 2013. http:// english.caixin.com/2013-06-05/100537850.html.

GMFDA 报告称，餐馆厨房的大米和大米产品样本中（18 份中的 8 份）有 44.4% 镉含量超标。随后，取自广东省 618 家大米生产加工公司的 762 份大米存货样本的大规模检测发现，有 31 份样本（或约 5%）的镉含量超过国家标准。存在问题的样本中有 14 份来自湖南，4 份来自广东，其余的来自其他地方。这则新闻大量反复报道，虽然统计数值很高，但样本量很少且单一。本文集中陈能场的研究将广东大量零售店购买的不同价格的大米中镉含量（以及对健康有益的营养素）进行了比较。他发现，购买的 60 份样本中有 5 份镉含量超过国家标准，约占总样本数的 10%。尽管陈的样本中超过一半的镉含量比国家标准的一半还低，并且大多数均在 0.2 mg/kg 的标准范围之内，但有 3 份样本远超过限量标准，而籼稻的镉超标比例比粳米高得多[①]。

许多其他小规模的研究也对稻谷进行了检测。然而，其中一些研究旨在确认靠近矿山或工厂及其他设施的地区或在其下游地区是否存在问题，或者对污染可能相对较低的地方开展"绿色"或"无公害"农业的可能性进行评估。因为选样的逻辑，这些研究可能反映实际情况的两个极端而非平均情况[②]。关于大米中镉含量的总体格局，目前尚无有效的公开可用的数据。我们咨询过许多能掌握不同来源的数据的专家，他们的非正式判断是，10% 或以下的稻米超过国家标准可能比较合理，但因为各省之间差异很大，争论平均数的意义不大，更重要的是了解风险的地区和人群分布，以便采取有效、有针对性的应对措施[①]。

（二）饮食摄入量

还有两个来源有助于了解人体通过大米摄入镉的情况。人体通过大米摄入镉是由消费的大米数量和类型而定，因此这方面的信息是评

---

① Chen N et al., 2018. "Heavy Metal Concentrations in Rice from Guangzhou and Associated Health Risks", *Journal of Resources and Ecology* 9(1), pp. 85-91.

② FORHEAD, 2014. *Food Safety in China: a Mapping of Problems*, Governance and Research. FORHEAD report, accessed July 20, 2018. http://webarchive.ssrc.org/ cehi/PDFs/Food-Safety-in-China-Web.pdf.

估健康风险的决定性因素。

中国统计局采集了国内城乡不同收入人群所消费的各种类型的食品数量的数据。但是不包括在外就餐消费的食品，因此其低估了很多人群的总消费量（特别是外出吃饭的城市居民和使用做饭设施受限的外来工），但它确实提供了不同地区和城乡居民大米消费量差异的重要信息。对于该数据的分析表明，城市居民的大米消费量不到农村居民的一半，2000—2010 年，大米的消费水平比较稳定（从人均年 46 kg 下跌到人均年 40 kg）。在此期间，农村的大米消费量从人均年 123 kg 急剧下降到人均年 102kg，反映出人们的饮食模式趋于一致[①]。

中国南方的大米消费量更高。除了黑龙江这个大米主产省外，其他北方省份的人均年大米消费量均不超过 100 kg。湖南人均年大米消费量最高，在 200 kg 以上[①]。由此可以看出，大米相关的食品安全问题可能主要集中在中国南方的农村人群。鉴于城市人群和北方人口的大米消费量较低，因此从严格标准来看，他们不大可能面临重大风险。

自从 1990 年以来，共开展过 5 次中国总膳食研究（TDS），该研究提供了通过食物摄取化学污染物的实际摄入量。这是因为 TDS 根据不同省份的烹饪习惯对购买和烹调的食品进行了采集和分析，依照实际饮食状况计算出每日消费量[②]。因此，TDS 使评估人群通过各种来源以及个别食物种类摄入污染物的情况成为可能。

5 次 TDS 的结果显示，自从 1990 年首次 TDS 研究开展以来，镉摄入量呈现稳步增加的趋势。最近一次 TDS 研究的结果表明，所有年龄段的人群中有 19% ～ 33% 的个体摄入的镉（从所有来源）高于暂定每月可耐受摄入量，对于较为年轻的人群来说，这个比例为 30%[②③]。在第四次 TDS 研究中，各省粮谷中检测到的镉含量差别巨大，低到河

① Li Y et al. 2012. “*Levels of Cd, Pb, As, Hg, and Se in hair of residents living in villages around Fenghuang polymetallic mine, southwestern China*”, *Bulletin of Environmental Contamination and Toxicology* 89(1), pp. 125-128.

② 吴永宁、李筱薇：《第四次中国总膳食研究》，化学工业出版社，2015 年版。

③ Chen N et al., 2018. “Heavy Metal Concentrations in Rice from Guangzhou and Associated Health Risks”, *Journal of Resources and Ecology* 9(1), pp. 85-91.

北省的 0.38 μg/kg，高到四川的 67.60 μg/kg，反映出由于上述因素以及大米在饮食中的主导作用，南方各省面临的潜在风险更大。

然而，TDS 的方法也有局限性。其样本是按饮食的变化而不是重金属污染的分布来选择的，涉及的省份数量有限，对于多数省只选了 3 个地点，因此我们还不完全清楚该调查结果能在多大程度上反映全国甚至某个省份的谷物中镉含量的情况。具体来说，该研究样本不包括已知的高污染地区或环境保持原始状态的地区。但是 TDS 的确证实了，源于膳食的镉是中国南方的严重问题，也应该是食品安全措施的优先关注点。希望未来 TDS 的取样能够和环境及饮食风险更密切相关，尤其是食品安全相关的风险。

（三）应用到凤凰县

以上趋势从凤凰县的案例中得到了证实。凤凰县是个贫穷的农村地区，位于人均大米消费量最高的湖南省，因此大米是这里镉摄入的主要暴露途径并不奇怪。鉴于此，除了建议农民减少化肥使用来保护土壤并改种低吸收的粳稻品种外，FORHEAD 的团队还建议农村居民增加粮谷摄入的种类，用其他主食替代当地大米的消费，如小麦以及当地可以种植的薯类。

当然，做出以上调整还将涉及经济和社会方面。饮食不仅与营养相关，而且与文化相关，食品的替代可能不容易接受。然而，原先 FORHEAD 的团队中有人担心，因为口感不同，南方人对籼稻普遍偏爱，而凤凰县的村民可能不会愿意用粳稻代替籼稻，但情况似乎并非如此：今年村民已全部改种粳稻了[①]。

当涉及主食多样化的问题时，另一种重要的约束条件就是，极度贫困的农村居民可能买不起粮食，一些地区的自给自足的农村居民处境危险，这可能需要补助金才可能实现他们的主食多样化。与此同时，市场上和餐馆里出售的镉污染大米的发现以及中国南方各地从大米中摄入的高含量镉都表明，一定数量的污染大米正在流入市场。从粮食

① 个人交流，湖南省凤凰县疾病控制中心滕树忠，2017 年 3 月 8 日。

安全和生计的视角来看，这是个棘手的问题。我们除了需要对大米进行日常检测外，还需要替处境危险的人群确定新的安全主粮来源。

五、从摄入到疾病：人口结构、营养和健康状况

重金属的最大摄入量是为典型情况下保护健康而制定的，但其他因素也决定通过食物摄入的镉对健康的实际影响程度。其一就是人群是否还会通过其他渠道接触到同样的物质。例如，吸烟是镉暴露的一个重要来源，因为烟叶会自然累积高含量的镉[①]。一般来说，人们发现营养状况不良和镉的更严重健康影响相关。另外，因为镉会影响到骨骼，从而易患骨质疏松症的绝经后女性面临镉相关骨病的风险更高[②]。

其他元素的摄入也会影响镉在人体内的新陈代谢。例如，缺乏钙、锌、铁和膳食蛋白质会增加镉的毒性，这些营养素在不同的个体体内都有差异，这可以从另一方面解释为何饮食摄入量相同的个体产生的健康效果却不一定相同[③]。食物的加工方式也会起到作用，加工过程能抑制或促进食物中影响镉吸收的其他化学物质的含量。精米降低了大米中铁、锌和钙的含量，研究发现，用精米喂食的老鼠吸收的镉比用铁、锌和钙的含量充足的大米喂养的老鼠多 10 倍[④]。同时，还有一系列食品显示具有防范镉毒性的作用[⑤]。

① Elinder CG et al., 1983. “Cadmium exposure from smoking cigarettes: variations with time and country where purchased”, *Environmental Resources* 32(1), pp. 220–227.

② Umemura T, 2000. “Experimental reproduction if itai-itai disease, a chronic cadmium poisoning of humans, in rats and monkeys”, *Journal of Japanese Veterinary Research* 48 (1), pp. 15–28.

③ Chaney RL et al., 1999. “Soil cadmium as a threat to human health”, in McLaughlin MJ, Singh BR, eds, *Cadmium in Soils and Plants*. Kluwer Academic Publishers, Dordrecht, pp. 219–256.

④ Reeves PG et al., 2008. “Bioavailability as an issue in risk assessment and management of food cadmium: A review”, *Science of the Total Environment* 398, pp. 13–19.

⑤ Zhai Q et al., 2015. “Dietary Strategies for the Treatment of Cadmium and Lead Toxicity”, *Nutrients* 7(1), pp. 552–571.

因此，短期措施采用减少大米中镉含量以降低健康风险固然很重要，但同时针对需要接受健康监测的重点人群采取的营养和公众教育等干预措施同样重要。

在凤凰县的案例研究中，FORHEAD 的团队只能对村民头发和血液中的重金属含量进行有限的检测。2009 年的检测发现，住在采矿区的村民的头发中，镉、铅、汞及砷的含量均高于对照区的居民①。其他生物指标也显示出重金属暴露对肾功能的影响②。但这些生物指标在样本中差异很大，有些远超安全水平，而有些远低于安全水平①②③。各种金属的影响也因年龄和性别而异。一般会考虑男性经常吸烟，面临更高的职业暴露，而女性却被发现受到的重金属影响比男性大，结果令人惊讶。以上发现说明，女性的整体营养和健康状况更差。针对这一发现的政策含义：尤其在贫困的农村地区，女性应该优先接受健康检查，采取营养建议等干预措施来保护健康。因此，这也成为 FORHEAD 公共传播研讨会的一个焦点。

六、风险格局

综上所述，考虑到健康影响的复杂性、良好数据的缺乏以及市场重新分配风险等问题，我们目前还不可能对哪些人群最容易通过食物受到镉暴露影响的问题进行全面的分析。从土壤污染调查、大米检测以及人体摄入量这些来源获得的信息并不完全一致，也不够完整，不足以做出哪些信息是最准确的结论。然而，似乎最严重的风险应该局限于居住在矿山、工厂附近的人群和土壤退化的地区的人群，退化的

① Li Y et al., 2012. “Levels of Cd, Pb, As, Hg, and Se in hair of residents living in villages around Fenghuang polymetallic mine, south-western China”, *Bulletin of Environmental Contamination and Toxicology* 89(1), pp. 125-128.

② Li Y et al., 2013. “Blood mercury concentration among residents of a historic mercury mine and possible effects on renal function: a cross sectional study in south-western China”, *Environmental Monitoring Assessment* 185, pp. 3049-3055.

③ Zhang X et al., 2012. “Impacts of lead/zinc mining and smelting on the environment and human health in China”, *Environmental Monitoring Assessment* 184(4), pp. 2261-2273.

土壤提高了镉的生物利用率；这些群体长期主要以镉蓄积的水稻为食；他们的营养状况很差。在分析造成镉相关疾病的因素时，Chaney（2012）[①] 总结说："……科学上很明确，除了以大米为主食 50 岁以上的农民以外，饮食所引发的镉疾病非常罕见。"似乎这一点在中国也适用。但问题是虽然主要集中在几个特定的地区，但是涉及的人群依然很大。

其他人群的暴露风险等级可能低得多，部分原因是大多数大米中的镉含量在安全范围之内。另外，中国为了保护以同一来源大米消费量巨大的人群，制定的食品安全标准比较严格。随着饮食和供应链日益多元化，这一现象更少见了。特别是近年来在城市中，饮食逐渐多元化，相对于其他食品，大米的消费量呈现下降趋势[②]。

不过，对部分零售店大米的检测和 TDS 的数据显示，污染的大米正在流入市场，同时存在相当数量的个体每日镉摄入量超过最大允许量，这个问题在南方比北方严重得多。镉摄入量和收入之间的关系目前还不明确。虽然有些自给自足的农户处境非常危险，但他们生活的地方未必是最贫困的地区，他们也未必是最弱势的群体；同时有些非常贫穷的地区并无工业污染，土壤相对肥沃；而另外一些地区受到采矿或工业的严重污染，多年的精耕细作，土壤也可能已严重退化，土壤中的镉流动性加大，容易被农作物吸收。同时，有工业历史的富裕地区，遗留下了严重的污染。例如，在广东，农作物种植品种、饮食习惯以及自家种植的或购买的粮食的比例，加上各种迁移模式，也产生了覆盖各种收入人群的多种风险格局[③]。

---

① Chaney R L, 2012. "Food safety issues for mineral and organic fertilizers", *Advances in Agronomy* 117, pp. 51-116.

② Zhou Z et al., 2012. "Food consumption trends in China. Report submitted to the Australian Government Department of Agriculture, Fisheries and Forestry", Accessed July 20, 2018. http://www.agriculture.gov.au/SiteCollectionDocuments/agriculture-food/food/publications/food-consumption-trends-in-china/food-consumption-trends-in-china-v2.pdf.

③ FORHEAD, 2014. "Food Safety in China: a Mapping of Problems, Governance and Research", FORHEAD report, accessed July 20, 2018. http://webarchive.ssrc.org/ cehi/PDFs/Food-Safety-in-China-Web.pdf.

根据陈能场（本文集）的分析，食品安全、营养品质以及价格之间的复杂关系也可以明确显示最昂贵的大米通常镉含量很低，但在低价大米的样本中，重金属含量和营养素含量都差异很大。不平等问题不仅体现在稻米价格和食品安全之间，而且也存在于不同人群的健康状况方面。整体营养和健康状况较差的人群在摄入相同量的污染物时更容易受到镉暴露的健康影响。因此，他们也应该是健康监测和利用干预减少风险的重点关注人群。

总而言之，我们虽然不能对风险的格局做出明确的分析，但可以指出决定风险格局的驱动因素。在任何特定环境下，这些因素均需要监测，以引导预防和措施干预。建立在前述分析的基础上，表 1 显示了不同环境和社会因素在决定食品中镉污染风险的程度和分布中的作用。

表 1　决定食品中镉污染风险的环境和社会因素

<table>
<tr><th>驱动因素</th><th>因素</th><th>土壤的镉浓度</th><th>农作物的摄入量</th><th>人体的摄入量</th><th>当地的影响</th><th>更广泛的影响</th></tr>
<tr><td>天然存在的高含量镉</td><td>高背景值</td><td>.</td><td>.</td><td>.</td><td>.</td><td>.</td></tr>
<tr><td>邻近上游的采矿或工业</td><td>污染源附近</td><td>.</td><td>.</td><td>.</td><td>.</td><td>.</td></tr>
<tr><td>生产的规模和持续的时间</td><td rowspan="2">排放水平</td><td rowspan="2">.</td><td rowspan="2">.</td><td rowspan="2">.</td><td rowspan="2">.</td><td rowspan="2">.</td></tr>
<tr><td>污染治理的存在或缺失</td></tr>
<tr><td>酸雨</td><td rowspan="2">土壤酸度</td><td rowspan="2">.</td><td rowspan="2">.</td><td rowspan="2">.</td><td rowspan="2">.</td><td rowspan="2">.</td></tr>
<tr><td>化肥的使用</td></tr>
<tr><td>降水和地下水状况</td><td>土壤水分含量</td><td>.</td><td>.</td><td>.</td><td>.</td><td>.</td></tr>
<tr><td>以前化肥的使用</td><td rowspan="2">土壤肥力（有机质含量）</td><td rowspan="2">.</td><td rowspan="2">.</td><td rowspan="2">.</td><td rowspan="2">.</td><td rowspan="2">.</td></tr>
<tr><td>过度精耕细作</td></tr>
<tr><td>土壤中的锌、铁以及其他元素</td><td>互动效应</td><td>.</td><td>.</td><td>.</td><td>.</td><td>.</td></tr>
</table>

续表 1

驱动因素	因素	土壤的镉浓度	农作物的摄入量	人体的摄入量	当地的影响	更广泛的影响
农作物品种	农作物的累积习性	·	·	·	·	·
水稻品种		·	·	·	·	·
区域饮食	摄入量	·	·	·	·	·
供替代的食品来源						
营养平衡	健康状况	·	·	·	·	·
年龄、性别及遗传因素						
生产过剩	市场上污染大米的销售	·	·	·	·	·
风险意识						
按产量和销售来管制		·	·	·	·	·

七、政策含义及干预措施

前述分析表明，土壤中镉累积增多，被水稻吸收，然后开始影响个体的健康，是个复杂的过程。利用跨学科研究，我们可以展开并分析这些相关因素，为提供政策响应和公众风险交流提供信息。在这里想强调一些基于我们分析的关键点。

通过预防农业区的采矿和在工业区严格执行排放物标准来减少污染来源和土壤的镉含量是关键。然而，在重金属背景值较高或已经存在污染问题的地区，还需要采取其他措施来保证食品安全。如前所述，我们不可能根据土壤中的镉含量直接推断出食品的风险，风险等级主要由镉是否因为土壤的状况而“活化”，种植的农作物是否具有吸收镉的习性而定。因此，了解土壤品质和农业生产操作方式也至关重要。如果污染不很严重，这些因素还可以提供干预选择，例如，调整土壤的 pH，改善土壤有机质或种植不同品种的水稻。所有这些措施在中国取得了一些成效[①②]。在可能存在潜在问题的地区，这些措施应纳入农业推广服务中。

“镉大米”问题还与关注粮食安全及产业发展相联系。以大米为例，政策主要关注开发和推广高产籼稻和粳稻的杂交品种（“超级稻”），但是，有些高产品种有较高的镉吸收率，而对于有利于健康的锌，又有较低的吸收率。因为农作物品种的选择能对食品的安全性起到决定性的作用，所以我们需要考虑这些因素，尤其在土壤污染或土壤退化接近危险程度的地区。在有些地区，换个品种，产量可能会下降，而农民势必遭受损失。因此在这种情况下，需要政府采取补助措施以激励他们转向，或帮助他们过渡到其他生计方式。

在土壤和农作物面临的风险比较明显的地区，考虑饮食摄入量和整体营养状况也很重要。如果人群依赖当地污染的大米作为食物来源，可能需要向他们提供其他粮食补充或取代当地生产的大米，这比尝试修复土壤更快更划算。有些专家建议，从其他省或其他国家进口大米是迅速减少问题地区风险的一个相对简单的方法。如果购买力是个问题，可能需要补助金来帮助贫困人口增加他们的食品来源。

未来一段时间，卫生系统会面临重金属的慢性暴露影响问题，但目前该体系尚未具备所需要的能力。虽然中国设立了一套完整的传染病监测系统，但重金属暴露的监测并非中国疾病预防控制中心的日常任务，而该中心用于这项工作的资源极少。要在短期内对中国所有大米实施检测或对全部人口进行健康检查，费用极高，实际操作也困难；但通过跨学科分析，对有可能面临高风险的地方和人群进行识别，确定优先关注食品、健康监测以及提供健康服务还是有可能的。上述分析还有助于向可能处于高风险的人群提供精准的农业指导、风险交流和公共健康信息。

① Shi J et al., 2009. “Variation of grain Cd and Zn concentrations of 110 hybrid rice cultivars grown in a low-Cd paddy soil”, *Journal of Environmental Sciences* 21(2), pp. 168-172.

② Yu H et al., 2006. “Cadmium accumulation in different rice cultivars and screening for pollution-safe cultivars of rice”, *Science of The Total Environment* 370 (2-3), pp. 302-309.

分析表明，土壤污染对公众健康产生风险的过程非常复杂，涉及自然系统和社会系统之间、不同参与者之间的相互作用和相互影响。有效的解决方案离不开多渠道的精准政策，和对现有政策的更有效实施。然而，在某些地方，暴露于污染的当地居民同时在从事污染的生产，也需要参与问题的解决方案。同时，即使缺乏响应政策的能力，他们也能够采取一些措施减少重金属对自身健康带来的风险。更好地了解风险的性质和产生的途径，能够使受影响的社区和公众为自己做出更明智的选择，还能够使他们对有效降低风险的其他行动者提出要求。因此，将研究的调查结果向政府和公众有效传播至关重要。

FORHEAD 的团队尝试从这两个层面开展工作，虽然哪个层面都不容易。在凤凰县开展调查过程中，FORHEAD 团队的成员在与县级官员的交流中，向他们提交了该项目的调查结果，强调了加强环境保护和公共教育的需求，旨在帮助村民了解采矿对他们健康构成的风险，帮助他们采取措施保护自己，还提出了饮用水的问题。我们希望这些材料经过修改可以在其他环境中使用，也希望从本案例研究中获得的发现和启发能够帮助不同环境背景下的人们了解并解决与重金属相关的公共健康风险问题。

食物安全生产的地理环境背景

王利 * 许月凤 ** 孔畅 ** 孟敏 ** 王五一 ***

摘要：食物生产离不开其所处的地理环境，即自然环境和人文环境两大部分的统一整体。我国幅员广阔，地理环境复杂多样，不同区域的食物生产格局差异明显，加之各地社会经济文化条件迥异，都会对食物安全产生巨大的影响。本文以我国食物生产的地理区域为基础，结合工农业生产活动产生的主要环境问题，揭示食物安全与健康的相关风险，进而提出对策建议。本文纳入的主要食物安全有关的环境问题包括：过度使用农药和化肥、主要种植区重金属高环境背景值、废水和重金属的大量排放、在畜禽养殖和水产品中过量使用添加剂和抗生素。

关键词：食物安全；地理环境；环境污染；中国

Abstract: Food production is inseparable from the place where the food is produced; that is, from the geographical environment that consists of natural and human environments, two parts of a unified whole. China's territory is vast and its geographical environment is complex and diverse. Food production patterns in different parts of the country vary significantly, as do local socio-economic and cultural

* 中国科学院地理科学与资源研究所陆地表层格局与模拟院重点实验室；荷兰马斯特里赫特大学卫生、医学与社会学学院。

** 中国科学院地理科学与资源研究所陆地表层格局与模拟院重点实验室；中国科学院大学。

*** 中国科学院大学。

conditions. Such differences have an enormous impact on food safety. Based on the geographical area where food is produced in China, this paper reveals the main environmental problems arising from industrial and agricultural production activities, and related risks for food safety and health. In concluding, we make some recommendations for countermeasures. The main food safety related environmental problems include the excessive application of chemical fertilizers and pesticides; high background levels of heavy metals; discharge of wastewater and heavy metals; and excessive use of additives and antibiotics in livestock and poultry breeding and aquatic products.

Key Words: food safety; geographical environment; environmental pollution; China

一、前言

食物对人类生存和人体健康至关重要。食物含有碳水化合物、脂肪、蛋白质、维生素和矿物质，其任何成分的缺乏或者过量都会导致健康问题甚至疾病。食物中含有的有毒或者有害物质，也可以威胁和损害健康。

正如俗语所说："民以食为天，食以安为先"。食品安全关系人类健康。世界卫生组织（WHO）和世界粮农组织（FAO）对食品安全管理定义为"由国家或地方授权执行的强制性监管活动，用来保护消费者和确保所有食物在生产、处理、贮存、加工和分配过程中是安全的、有益健康的和适合人类食用的"[①]。

食物安全的整个链条包括食物生产（种植和培育）—生产—包装—贮存—运输—流通（买卖）—消费。在这个链条里，食物安全起源于

① FAO/WHO，2003. "Assuring Food Safety and Quality: Guidelines for Strengthening National Food Control Systems"，accessed July 2, 2018. http://www.fao.org/sustainable-food-value-chains/library/details/en/c/265857/.

食物生产。为了生产更大量的、更高品质的食物，我们改变了获取谷物（水稻、大米、小麦、豆类等）和肉类（家禽、鸡蛋、牛奶、蔬菜、水果和水产品）的方式。传统农业已经让步于依靠现代化技术和大量化肥（有机肥、无机肥、复合微量元素肥料）、灌溉、农药、饲料添加剂、抗生素等的现代农业。现代农业产生过程中不同程度的生物、物理和化学危害或环境污染，都可对食物安全带来危险，进而危害健康。

同时，食物生产与其生产的地理环境密不可分，食物生产地是由自然环境和社会环境两个部分组成的整体。中国幅员广阔，地理环境复杂多样，生产的食物类型差异很大，且社会经济和文化传统也差异很大。这些差异性对区域食物安全具有很大的影响。因此，将地理环境作为一个整体，来探讨食物生产的安全性对应对食物安全风险和健康风险至为重要。

本研究基于对食物生产的地理环境的分析，展示了与其相关的食物安全风险和健康风险。识别了从工业和农业活动中带来的环境问题，进而提出应对这些挑战的建议。

二、食物生产系统的改变会引发健康风险

食物生产的农业活动会改变生态系统，环境变化也对食物生产系统产生影响，进而影响人的健康。影响健康的最主要食物问题有：对粮食供应的数量与质量需求日益加剧了资源（土壤和洁净的水源）紧张，土壤退化导致粮食产量减少，以及由此而来的营养物质供应不足影响人的健康；区域化学污染，例如，有毒物质暴露（杀虫剂、重金属等）和水体富营养化；直接或间接地由氮肥过量施用引起的环境污染最终导致的健康问题，等等。此外，粮食生产集约耕作也会通过向河流及沉积物排放农用化学物质和有毒物质而影响水体质量，进而影响人类健康。集约式的养殖加工包括农业和水产业也会威胁生态系统和人群健康。例如，为了提高家畜产品的产量而滥用抗生素，会导致细菌的耐药性；集约化养殖导致动物疾病发生率提高和新病毒出现，并威胁健康；现代化的工业肉蛋奶制品生产模式也需要投入大量的能

源、水、谷物制品和生长素等，由此对当地生态环境带来破坏，反过来也会影响健康。

农业生态系统污染会威胁食物安全，在我国主要表现为农药、化肥的大量施用以及工矿业引起的环境污染影响土壤，进而影响农产品质量。而这些均发生在我国主要的粮食产区。虽然在不同的区域所表现的食物安全—健康问题会有所不同，但其与粮食主产区的主要作物密不可分。

（一）我国粮食主产区的分布

我国粮食产量 2014 年达到 60 702.6 万 t，油料产量为 3 507.4 万 t①。全国主要粮食小麦、水稻、玉米产区主要有：东北以松嫩平原为主的玉米、水稻、小麦、大豆主产区；黄淮海平原小麦、玉米、大豆主产区；汾渭平原小麦、玉米、大豆主产区；黄河中游河套灌区小麦主产区；甘肃河西走廊和新疆绿洲小麦主产区；长江流域以江淮平原、长江中下游、长江三角洲、成都平原为主的水稻、小麦、油菜主产区；华南以珠江流域为主的水稻主产区。

在粮食主产区中不当使用农药、化肥，产区中的工业、矿业对环境的污染，都会影响土壤和农作物，导致农产品安全问题。

（二）化肥、农药过量施用

中国耕地不足世界的 10%，却使用了全球 1/3 的化肥。过量施用化肥在我国农村较为普遍，尤以氮肥的过量施用比较严重。2013 年全国化肥使用总量达 5 912 万 t，化肥施用强度为 357 kg/hm^2，超过发达国家化肥安全施用量 225 kg/hm^2 上限的 60% 以上。中国每生产 10 kg 粮食要用 1 kg 化肥，化肥平均使用效率为 30% 左右，仅为世界水平的 50%②。

化肥污染的危害主要包括过量施用的化肥无法被农作物利用，也

① 国家统计局：《中国统计年鉴 2014》，中国统计出版社，2015 年版。

② 旭日干、庞国芳：《中国食品安全现状、问题及对策战略研究》，科学出版社，2015 年版。

无法被土壤吸持，残留在土壤中的化肥随农田地表径流流失，汇入水体，加剧水体的富营养化导致水质恶化；导致土壤酸化，氮磷钾比例失调，还会活化土壤中的重金属更容易被作物吸收；造成蔬菜等鲜活农产品中硝酸盐含量增加，农产品质量下降。

农药的过量施用和低利用率是造成我国农药污染的主要原因。使用高毒、高残留农药，施药不注意安全性的现象在我国一直存在。我国是农药生产和使用大国。20 世纪 90 年代以来，我国农药施用总量和施用强度呈不断上升的趋势，2013 年农药使用量达 180 多万 t，多年平均用量比发达国家高 2.5 ～ 5 倍[①]；农药使用强度为 11 kg/hm^2，约为发达国家农药平均施用强度 7 kg/hm^2 的 1.6 倍，农药平均利用率仅为 35%。国家明令禁止的一些高毒高残留农药仍在部分地区生产和使用，农田农药残留量高达 50% ～ 60%，约 1 600 万 hm^2 农地受到农药污染。

农药污染是影响范围很大的一种有机污染，农药直接进入土壤、大气、水体环境，通过生物链富集，致使农、畜、水产品受污染，农产品安全得不到保障，因蔬菜、水果农药残留引起人畜中毒死亡事件时有发生。更令人担心的是许多低浓度有机污染物的影响是长期的，可长达数十年之久。

我国东北部分地区、华北、华中、华南和西南地区都处于化肥、农药的高使用区，而这些地区恰恰是我国水稻、小麦的主产区，其环境健康影响须引起重视。我国蔬菜、水果产区也应关注农药的过量使用问题。

（三）环境中重金属的高背景含量与污染导致粮食中重金属超标

我国西南地区是镉、汞和砷的地球化学高背景区，华南局部地区也存在类似问题，而这些地区正是我国重要的粮食产区。

环境中自然存在的高含量重金属，加上矿业开采、工业冶炼导致环境污染，以及包括酸雨、工业废水排放、化肥过量使用等引起的土

① 旭日干、庞国芳：《中国食品安全现状、问题及对策战略研究》，科学出版社，2015 年版。

壤污染。多种作用叠加，导致我国南方粮食主产区部分水稻中重金属超标，特别是“镉大米”问题，在湖南、广东等地引起关注。

全国土壤污染状况调查公报表明[①]：全国土壤轻微、轻度、中度、重度污染点位分别为 11.2%、2.3%、1.5%、1.1%, 总超标 16.1%；采矿区土地点位超标率 33.4%，主要为镉、铅、砷和多环芳烃。重金属矿区周边污染严重；污水灌溉区土地点位超标率 26.4%，主要污染物为镉、砷、多环芳烃，约 216.7 万 hm^2。全国每年因重金属污染的粮食多达 1 200 万 t，造成的经济损失超过 200 亿元。农业生态系统污染通过农产品给人体健康造成严重危害。

据《中国环境统计年报 2014》，与 2013 年比，我国废水排放总量有所增加，达到 716.2 亿 t。表 1 是 2014 年各省（自治区、直辖市）废水排放的总量，广东排放最多，达 90.5 亿 t，其次分别为和江苏和山东，都超过了 50 亿 t；河南、浙江、四川、湖南、河北、湖北均超过了 30 亿 t；全国 31 各省（自治区、直辖市）中排放废水总量超过 20 亿 t 的有 16 个，其排放的废水总量占全国的 77.6% 以上。

表 1　2014 年各省份废水排放总量

排序	地区	排放量 / 亿 t	排序	地区	排放量 / 亿 t
1	广东	90.5	16	云南	15.8
2	江苏	60.1	17	北京	15.1
3	山东	51.4	18	黑龙江	15.0
4	河南	42.3	19	重庆	14.6
5	浙江	41.8	19	陕西	14.6
6	四川	33.1	20	山西	14.5
7	湖南	31.0	21	吉林	12.2
7	河北	31.0	22	内蒙古	11.2
9	湖北	30.2	23	贵州	11.1
10	安徽	27.2	24	新疆	10.3
11	辽宁	26.3	25	天津	8.9

① 中华人民共和国环保部、中华人民共和国国土资源部：《全国土壤污染状况调查公报》，载中华人民共和国生态环境部：http://www.zhb.gov.cn/gkml/hbb/qt/201404/W020140417558995804588.pdf，最后访问日期：2018 年 2 月 5 日。

续表 1

排序	地区	排放量 / 亿 t	排序	地区	排放量 / 亿 t
12	福建	26.1	26	甘肃	6.6
13	上海	22.1	27	海南	3.9
14	广西	21.9	28	宁夏	3.7
15	江西	20.8	29	青海	2.3
			30	西藏	0.5

（数据来源《中国环境统计年报 2014》[①]。）

另外，2014 年全国工业废水中镉排放 16.871 t，铅排放 71.778 t，砷 109.223 t，总铬 131.842 t，六价铬 34.806 t。

表 2　2014 年全国工业废水中重金属和砷的排放量

污染物	地区	排放量 /t	污染物	地区	排放量 /t
镉	湖南	6.498	总铬	河南	27.799
	江西	1.741		湖北	13.464
	山东	1.035		广东	13.305
	湖北	1.010		浙江	12.849
铅	湖南	21.493		福建	10.359
	内蒙古	7.038		江苏	9.653
	江西	6.037		贵州	9.335
	湖北	5.799		山东	7.834
	广西	4.999		河北	5.624
	云南	4.771	六价铬	湖北	10.213
	甘肃	4.353		浙江	4.702
	福建	3.676		江苏	3.551
	河南	3.033		广东	3.274
砷	湖南	35.741		河北	2.618
	内蒙古	15.628		福建	2.138
	湖北	12.411		湖南	1.238
	云南	7.334		上海	1.108
	江西	7.306			

（数据来源《中国环境统计年报 2014》[①]。）

① 中华人民共和国环保部：《中国环境统计年报 2014》，中国环境出版社，2015 年版。

表 2 是 2014 年全国工业废水中重金属和砷的排放量。从表 2 可以看出，工业废水中镉排放量较高的几个省份依次为湖南、江西、山东、湖北；工业废水中铅排放量较高的有湖南、内蒙古、江西、湖北、广西、云南、甘肃、福建、河南；砷排放较高的有湖南、内蒙古、湖北、云南、江西；总铬排放较高的主要有河南、湖北、广东、浙江、福建、江苏、贵州、山东、河北；六价铬排放较高的有湖北、浙江、江苏、广东、河北、福建、湖南、上海。特别是湖北，5 种污染物排放都处于前列；而湖南、江西、福建排放的重金属等也有 3 ～ 4 种之多。

这些有害物质的大量排放会加重环境污染，特别是这些地区大都是我国的粮食主产区，如湖北、湖南是长江中下游粮食产区的主要省份，山东、河南、河北是黄淮海 - 华北平原粮食主产区的主要省份，环境污染物会通过食物链影响人体健康。

（四）畜禽与水产养殖的添加剂和抗生素过量使用

2014 年全国牛年底存栏头数达 10 578 万头，其中四川、河南均超过 900 万头；云南、内蒙古、西藏各有 600 万～ 900 万头；河北、辽宁、吉林、黑龙江、江西、山东、湖北、湖南、广西、贵州、甘肃、青海、新疆等各有 300 万～ 600 万头。2014 年全国肉猪出栏头数为 73 510.4 万头，其中超过 6 000 万头的省有四川、湖南、河南；3 000 万～ 6 000 万头的省（自治区）有河北、江苏、安徽、江西、山东、湖北、广东、广西、云南；1 000 万～ 3 000 万头的有陕西、贵州、重庆、福建、浙江、黑龙江、吉林等①。集约式养殖过程中饲料添加剂和抗菌药物过量使用会增加健康风险。我国平均每生产 1 000 g 肉类要使用 987 mg 抗菌药物，是欧盟平均使用量 100 mg 的近 10 倍。《第四次中国总膳食研究》表明：一些地区肉类、水产类中四环素素类、氯霉素、喹诺酮类和克伦特罗（瘦肉精）等均有检出，在江西、河南、上海、陕西等地的肉类中都有不同种类与含量的报告②。

---

① 国家统计局：《中国统计年鉴 2014》，中国统计出版社，2015 年版。

② 吴永宁、李筱薇：《第四次中国总膳食研究》，化学工业出版社，2015 年版。

综上所述，我国食物安全与地理环境紧密关联，其相关健康风险是我们面临的不可掉以轻心的挑战。

三、新常态下环境—食物安全与健康的挑战

关于新常态的最早表述是习总书记 2014 年 5 月视察河南时提出，同年 11 月在亚太经合组织（APEC）会议上全面加以阐述，主要是我国进入了经济增长转向中高速的时期。我国“十三五”经济社会发展的 10 大目标是：“保持经济增长，转变经济发展方式，调整优化产业结构，推动创新驱动发展，加快农业现代化步伐，改革体制机制，推动协调发展，加强生态文明建设，保障和改善民生，推进扶贫开发。”

发展的基本理念是：创新、协调、绿色、开放、共享。关于绿色的内涵主要涉及环境方面的有：坚持绿色发展，着力改善生态环境；促进人与自然和谐共生；加快建设主体功能区；推动低碳循环发展；全面节约和高效利用资源；加大环境治理力度；筑牢生态安全屏障。关于共享的内涵主要涉及食物安全方面的有：坚持共享发展，着力增进人民福祉；实施食品安全战略，让人民群众吃得放心；推进健康中国建设。

在基本理念的指导下，新常态时期以目标与问题为导向，在环境方面着重建设国家地下水监测系统；建立全国统一的实时在线环境监控系统；健全环境信息公布制度；探索建立跨地区环保机构；开展环保督察巡视，严格环保执法。通过一系列政策措施，形成生态环境质量总体改善，能源和水资源消耗、建设用地、碳排放总量得到有效控制，主要污染物排放总量大幅减少的新格局。

在经济增长放缓和经济结构调整的新常态下，我们仍然面临严峻的挑战，即长期积累的大气、水、土壤污染问题还比较严重，当前仍然突出，环境恢复需要很长时期；环境保护 – 健康风险消减的协同体制机制仍未建全；“以提高环境质量为核心，实行最严格的环境保护制度，形成政府、企业、公众共治的环境治理体系”，还有待切实实施；地方政府财政收入偏低、就业困难的压力可能会影响对环境保护和减

少健康风险的投入；特别是国民素质和社会文明程度、对环境与健康的认识和参与状况，难以在短期内显著改善，这也是实现战略目标、应对挑战的根本问题所在。

环境—食物安全与健康的区域特征与分布格局是我们不得不思考的问题。而且此类问题会长期存在，在不同时期严重程度不一，甚至出现反复。综合粮食生产区的分布、农药与化肥的过度施用、区域环境背景值以及污染的排放特征，就不难发现食物安全—健康挑战的区域复杂性，这提示我们要整体采取措施加以应对。

四、重视“环境—食物安全—健康”，整体降低风险

结合当前应对食物安全与健康风险的挑战，应特别关注的问题主要有两个。

（一）将食物安全问题纳入健康、环境与发展协调管理

“环境—食物安全—健康”不仅是公共卫生方面的问题，还会对社会可持续发展带来新的、无法预料的影响。因此，只有将其作为政府管理的重要组成部分，制定多部门综合、协调决策的制度与机制，从政策、教育、公众、宣传、技术、研究等多个层面着眼，设定共同的目标，才能形成有效的管理。

“环境—食物安全—健康”的管理涉及多个部门，实现有效管理实属不易。就目前我国的状况来看，农业、质检、工商、药监、环保、卫生、资源、建设、贸易、科技等 10 多个领域的几十个部门都参与管理，如何从食物生产—加工—包装—贮运—流通—消费的整个系统总体上实现跨部门协调，而不是各部门仅满足于其各司其职，是实施有效管理的关键。

我国政府已经建立食品药品监督管理总局和国务院食品安全委员会多年，跨部门来协调管理，使食品安全形势的严峻程度已经有所缓解。但“环境—食物安全—健康”管理的体制与决策机制还需要不断创新，特别是要加强农业、环境、卫生、社会跨部门的密切协作，加

强国家和地方各级政府、区域、行业、社会公益组织、民众、利益相关者之间的沟通与对话，把环境—食物安全与健康管理的政策、措施、行动有机地联系起来。

（二）加强多学科的综合交叉研究

“环境—食物安全—健康”涉及自然、社会、经济等多个方面。它既是科学问题，又是政治问题，也是经济问题，还是法律问题，同时是社会问题，还具有区域差异。因此，需要多学科的综合研究。

“环境—食物安全—健康”是科学问题，是说科学研究能提供事实依据与技术支撑。我国环境污染既有工矿企业引起的重金属污染和机物污染等点源污染，也有农药、化肥引起的持久性污染物、亚硝酸盐和富营养化水体藻毒素等面源污染。由于这些都会影响食物安全，仅单一因素的研究难以奏效，因此，必须对环境中影响食物安全与健康的多种因素、多暴露途径进行综合评价，定性和定量地阐明影响食物安全—健康的主要环境因素。必须大力开展多学科的交叉研究，揭示环境中多因素的关联性与综合健康效应及其机理。

“环境—食物安全—健康”是政治问题，总书记和总理都把食品安全的重要性提高到执政党存亡和政府信誉的高度，保证食品安全是对社会最基本的责任和必需的承诺。否则，党和国家就会丧失公信力。

“环境—食物安全—健康”是经济问题，是说在保证有安全食物供应的同时，也要保证人民有足够的经济收入来购买安全的食物。价低质次或者质次价高，以及超出大多数人民支付能力的高价食品，都不具有经济合理性。

“环境—食物安全—健康”是法律问题，是因为获得安全的食物必须有法律法规才能得到保证。原来单一的食物生产和加工的法规已经不能适应食品安全的需要，我国新的《食品安全法》就是以食品安全综合立法来替代卫生、质量、营养、流通等单一要素的立法。

“环境—食物安全—健康”是社会问题，是因为它是一项基本公民权利。而区域自然、社会、经济的差异，决定了不同地区、不同时期所面临的食物安全与健康问题的不同重点，治理的要求也会不同，需要因地、因时制宜。

“环境—食物安全—健康”问题还具有明显的区域性。我国地域广阔、生态环境多样，不同的地区，其自然环境和生活方式各不相同；经济发展的区域差异较为明显；健康的脆弱性在人群上也呈现差异性。除了个体对危害因素反应的差异外，区域环境因素包括社会经济因素的健康影响也不同。不同类型区的“环境—食物安全—健康”危害度与风险性复杂多样。因此，需要对生态系统变化、环境污染和膳食营养及生活方式改变引起的健康问题，进行系统和综合的风险评价，特别是区域环境变化与健康安全的综合风险评估，并提出因地制宜的保障食物安全与健康的措施，为环境的改善和保障食物安全与健康提供科学的决策依据。

基于“环境—食品安全—健康”链的食品安全大数据资源规划

肖革新[*] 杨冰[**] 李伟[**]

摘要：环境污染、食品安全与健康之间紧密相连，解决食品安全问题应以公众健康为中心，加强源头治理。如何突破“环境—食品安全—健康”跨部门间的信息壁垒，实现数据的有效流动和资源的高效利用，助力食品安全协同治理，将成为我国健康医疗大数据时代的重要发展路径。针对相关部门掌握的信息资源存在“烟囱”效应，缺乏有效衔接等问题，本研究以“环境—食品安全—健康”链为主线，对相关部门信息资源进行梳理，发现其中存在的问题，提出了加强顶层设计、建立统一数据标准、建立大数据共享平台、加强复合型人才培养等措施。

关键词：信息资源规划；大数据；食品安全；环境；健康

Abstract: Environmental pollution, food safety and health are closely linked. Therefore, to resolve the food safety problem, we should strengthen the source governance around public health. Then, how should we break the trans-departmental information barrier in “environment, food and health” to ensure the effective flow of data

* 国家食品安全风险评估中心，北京 100022；贵州省分析测试研究院，贵阳 550002。

** 国家食品安全风险评估中心，北京 100022；北京大学电子政务研究院，北京 100871。

and efficient utilization of resources and to facilitate the collaborative governance of food safety? This answer will become an important approach to developing China's health and medical care in the big data era. The information resources commanded by related departments are confronted with the "stack" effect, and lack of effective connection and other problems. For these problems, centering round the "Environment, Food and Health" chain, this study finds some problems by summarizing the information resources of related departments, and presents measures to strengthen the top-level design, to establish the unified data standard and the big data sharing platform, and to intensify the training of interdisciplinary talents.

Key Words: information resource planning (IRP); big data; food safety; environment; health

一、综述

"全民健康是国家综合实力的重要体现，是经济社会发展进步的重要标志。"（见《国务院关于印发全民健身计划（2016—2020 年）的通知》国发〔2016〕37 号）中国用了 40 年的时间，从一个农业国家转型为一个中等工业国家，其经济高速发展造成了环境恶化，也带来了日趋严重的公众健康问题。习近平总书记在 2016 年卫生与健康大会上强调"没有全民健康，就没有全面小康"。《中共中央关于制定国民经济和社会发展第十三个五年规划的建议》中明确提出"健康中国建设及实施食品安全战略"。《健康中国 2030 规划纲要》再次提出把食品安全、环境治理和全民健康提升到新的高度[①]。

健康中国是一个宏大的战略目标，也是一个庞大的系统工程，涉及法治建设、企业管理、公众健康意识。而实现这些战略目标依赖于

① 新华社：《健康中国 2030 规划纲要》，载新华网：http://www.xinhuanet.com/health/2016-10/25/c_1119786029.htm，最后访问日期：2018 年 7 月 5 日。

与环境治理、食品安全、公众健康的相关数据的完整性、规范性和可靠性。作为交叉学科领域，食品安全治理过程中所产生的信息和数据，可以作为整合多个领域数据的切入点，并基于大数据技术开展分析。应用大数据技术指导各项政策规划，也是政府工作的重点，《国务院关于印发促进大数据发展行动纲要的通知》[①] 明确指出“数据已成为国家基础性战略资源”，并提出要将大数据作为推动经济转型的新动力、重塑国家竞争优势的新机遇、提升政府治理能力的新途径[②]。

目前，政府的食品安全监管模式与企业的快速发展极不适应，食品安全相关的监管部门在总体规划、信息资源整合利用方面也存在很多不足。食品安全数据资源目前存在的问题包括：重复建设、分散建设、多头管理、多头采集、多系统并立等问题。“信息孤岛”“信息烟囱”“信息屏蔽”现象严重，数据利用效率低，数据战略资产的价值得不到充分的体现。由于业务协同不畅、数据不能共享，难以实现从食品链到健康链的溯源，大大降低了疾病预防的效率。当前的数据资源无论是数量还是质量方面都与发达国家存在不小的差距。

二、食品安全大数据资源规划

（一）规划路线

食品作为环境中物质和能量交换的载体，其种养殖、生产加工、贮存、流通和消费过程，都是在环境系统中完成的。环境污染物作为食品安全的风险源头，通过空气、土壤、水源等多种途径进入食物链[③]。食品的整个生命周期都有可能被环境里的有毒有害物质污染，受

① 国务院：《促进大数据发展行动纲要》，载中华人民共和国中央人民政府网站：http://www.gov.cn/zhengce/content/2015-09/05/content_10137.htm，最后访问日期：2018 年 7 月 5 日。

② 肖辉、任鹏程、肖革新：《食品安全健康大数据平台构建》，载《医学信息学杂志》2016 年第 5 期。

③ 黄耀江、慕容政、张玉玺：《环境食品与健康》，载《农产品加工》2012 年第 4 期。

到污染的食品通过膳食暴露进入人体进而影响公众健康。因此，本研究所关注的信息资源规划以“环境—食品安全—健康”链为主线展开，如图 1 所示。

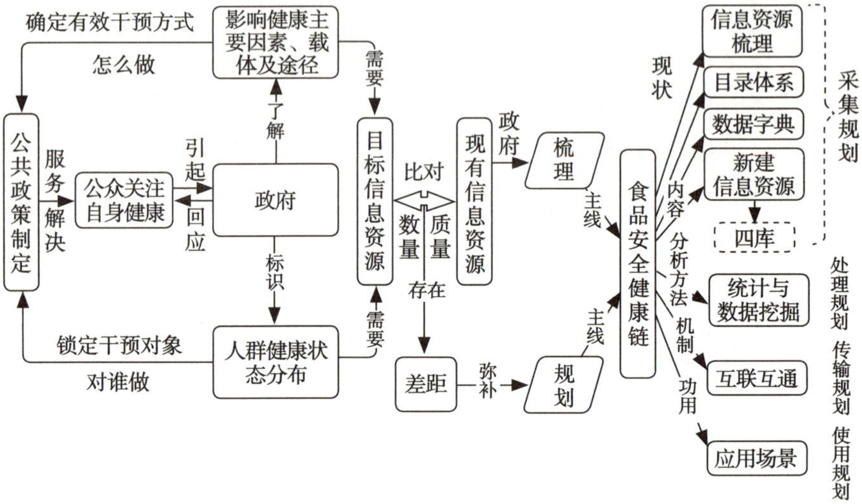

图 1　食品安全大数据资源规划路线

（二）识别数据资源

信息资源规划（Information Resource Planning, IRP）是从产生、获取到处理、存储、传输和使用的全面规划[①]。在系统工程概念框架的指导下，信息资源规划通过综合应用多种信息技术，特别是信息组织技术，建立了信息资源管理的基本标准[②]；简洁而科学地分析不同数据组之间的关系；并建立了数据组织的标准结果。信息资源规划主要旨在消除信息孤岛和数据碎片并帮助厘清和统一数据表达需求[③]。

本规划以“环境—食品安全—健康”链为主线展开，首先按照“从农田到餐桌”，即种养殖、生产加工、销售、餐饮和健康，梳理食品链

① 宋海峰：《基于顶层设计思想的高校宏观信息资源规划方法研究》，黑龙江省高等教育学会 2014 年学术年会暨理事工作会议论文，哈尔滨，2014 年 12 月，第 7 页。
② 李晓钢：《智慧城市的信息资源规划研究》，载《电子政务》2011 年第 4 期。
③ 秦艳姣：《信息资源规划与企业信息化》，载《现代情报》2006 年第 7 期。

与健康链、环境之间的关系，对链条中各个环节产生的信息进行梳理和现状分析，然后从数量和质量维度，与目标信息资源进行比对差距分析，提出数据采集、处理、传输及应用的全面规划。

（三）资源梳理

食品安全大数据资源规划涉及多个部门、多个层级、多个角色，业务流程复杂，数据资源梳理困难。本研究利用一种跨职能的数据资源规划流程图，用于解决数据采集、分析和共享的需求。跨职能流程图利用泳道、时段等图示分类职能部门、业务角色和流程阶段，来分析系统业务的图形化方法。该方法能够清晰地发现业务流程中的可控过程发生的部门、时段，以及完成的角色或执行者，明确过程的上游、下游，明确分工，厘清需求。作为数据分析工具，泳道数据流程图展现了生产者、消费者、数据生产和处理的时段以及具体的数据项。这些正是信息资源规划内容的重点[①]。本研究按照“环境—食品安全—健康”链为主线，对食品安全相关资源进行跨部门梳理，如图 2 所示。

图 2 建立两个维度，即监管部门、对象主体、对象客体、信息资源 4 个部分，与环境信息、食品生产和加工、食品流通、消费和健康 5 个环节进行对照。例如，土壤污染水平和水质情况对于食品质量和人体健康都有影响，土壤污染和水质情况的信息主要属于环保部；农业部负责收集农业环境方面的信息，包含农药、肥料以及抗生素的使用；国家食品药品监督管理总局以及质量监督检验总局则负责商品的加工、流通、运输和销售过程的质量监测；国家卫生健康委员会则负责膳食消费量和人群健康的信息。各部门各为其政，各司其职。

① 樊友洪、邓韧、李生林：《一种基于泳道流程图技术的信息资源规划方法》，载《信息系统工程》2014 年第 12 期。

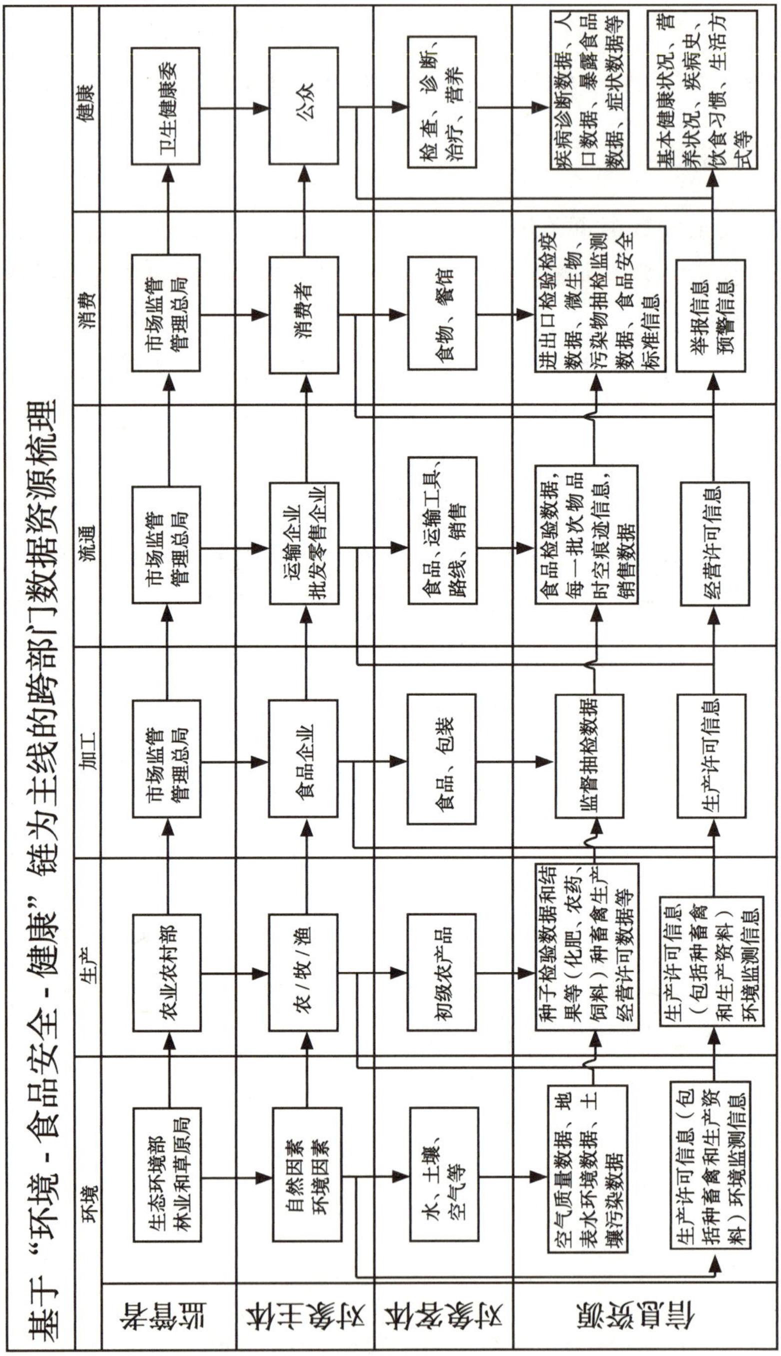

图2 信息资源梳理结果展示

三、存在的问题

（一）数据质量差

我国环境污染、食品安全、疾病监测数据多为描述性的简单数据，不符合大数据技术要求。很多重要字段缺失，数量指标单位不统一，数据质量较差。例如，我国食源性疾病病例监测和报告的数据来源于医疗卫生系统，然而即使在同一系统内，电子病历系统的内容和完整性差异明显。在同一医院，也可能有多个未集成的电子病历系统。此外，缺乏各种食物病原体和污染物相关的实验室检测、治疗和临床数据，并影响食源性疾病监测报告的质量。缺乏统一的食源性疾病的数据标准、编码、关键数据及其格式，意味着我们没有关于食品相关疾病的单一信息来源。

（二）缺乏统一的信息标准

目前，参与环境监测、营养膳食调查、食品污染物监测以及疾病监测的各部门都有各自的食品、污染物及疾病的编码体系，各自为政，因此，各体系的监测结果数据无法互联互通。例如，开展膳食暴露量评估时，需要膳食调查数据与污染物监测数据，而这两类数据采用不同的编码[①]，无法融合分析，导致不同系统的数据冲突、结论不一，不利于开展食品安全风险预警工作。膳食调查数据中食物编码为原中国预防医学科学院营养与食品卫生研究所编制的 5 位食物编码，前 2 位数字代表食物类别编码，后 3 位数字代表食物在类别中的排列序号，而污染物监测中食物编码采用国际食品法典委员会（Codex Alimentarius Commission，CAC）的编码规则，食物由 2 位字母加 4 位数字组成，其中前 2 位字母分别代表食物种类和组别，后 4 位数字表示在该组食物中的排列序号，分类体系为大类、种类、组别逐级细

① 王伟楠：《中国膳食结构变迁及其消费外部性》，载《现代商业》2014 年第 9 期。

化，由于采用不同的编码体系，以至于数据很难匹配，影响了食源性疾病溯源和食品安全风险评估工作的开展[①]。

（三）缺乏数据共享与应用

不同的监管部门拥有各自的信息系统，未实现数据共享。缺乏统一规划和顶层设计，难以实现覆盖整个“环境—食品安全—健康”全链条的信息采集和挖掘。监测网点和机构的数量和能力等与实际需要仍有较大差距。由于缺乏有效的信息共享，导致协同不畅，食品安全监管能力大大降低[②]。

不能共享的数据会影响公众信息披露的时效性和充分性。信息不对称和缺乏可靠性将会影响政府的公信度。然而，在某些情况下，因为政府担忧信息透明或某些信息的发布可能会引起公众的恐慌，未能及时公开信息，而在食品安全治理中赢得公众信心与信任的恰恰是信息透明与共享。

（四）缺乏大数据复合型人才

目前，既懂信息技术、统计分析又懂环境、食品安全、健康业务的复合型人才十分缺乏，这阻碍了我国食品安全的信息化建设。当前，从事信息资源规划的人员主要在研究机构工作，并且通常是单一领域的专业人士，如食品安全、环境、信息技术、统计或行政管理。

很少有人同时具备跨多个领域学科的专业知识。目前，普遍队伍年龄较轻，经验不足，对业务不理解，导致数据挖掘和需求分析工作中存在许多问题，如沟通不到位、团队合作默契有待提高等。政府应该为复合型人才的培养提供资助，高校也应该为这一领域的人才培养做出贡献。

---

① 韩晓梅、闵捷、刘沛、吴永宁、陈启光、王灿楠、陈虹：《中国膳食暴露评估模型桥梁数据库构建初探》，载《卫生研究》2008 第 6 期。

② 肖辉，肖革新：《食品安全风险监测与信息化体系建设》，中国人口出版社 2015 年版，第 108 页。

四、规划建议

针对现状梳理和分析存在的问题，为推进食品安全大数据资源可持续挖掘与利用，提出如下措施：

（一）推进制度建设

首先，建立食品安全社会共治模式，建立数据共享机制。该体系旨在消除不同政府部门以及政府与公众之间的信息不对称。推动跨部门的数据共享，加快实现食源性疾病监测、食品安全风险监测、农产品质量监测以及环境监测信息的融合共享。基于大数据的风险监测和风险评估技术支撑平台，通过风险交流的方式，进一步提高公众认知水平，培育健康饮食文化，逐步建立和完善公众参与的食品安全社会共治模式。

（二）做好顶层建设

顶层设计是指运用系统论的方法，从全局的角度，对某项任务或者某个项目的各方面、各层次、各要素统筹规划，以集中有效资源，高效快捷地实现目标。顶层设计服务于“环境—食品安全—健康”链的食品安全大数据资源统筹规划，制定跨部门、跨领域的数据标准和编码系统。SWOT 分析运用在顶层设计中，显示了不同部门之间的差别，形成了需求分析，统一的数据标准和编码为数据共享提供了保障。在信息的采集、传输、交换、存储、处理和共享等环节确保统一性，建立系统内和跨系统、跨平台的数据交流和共享机制，从而实现我国环境食品安全及健康医疗信息化建设的高标准、高效率、可扩展、可持续发展性。

（三）建立大数据共享平台

构建完善的食品安全大数据信息共享平台，健全环境保护、食品安全监管、健康医疗综合协调和信息共享机制，整合环境污染、食品安全、健康医疗相关的数据信息，形成相关数据的采集、交换、分析、查询、预警等功能。为环境治理、食品安全监管和健康医疗有机结合，为其提供良好的信息基础支持，实现预测分析、监测预警以及综合评估在内的多层次的宏观决策支持。同时，促进环境、卫生、农业、食药等各部门的信息交流，突破“信息孤岛”现象，提升环境治理和食品安全卫生保健，提高应对突发公共卫生事件的能力。

（四）建立统一完善的数据标准和编码体系

应建立统一完善的数据库编码体系，包括食品和污染物的分类、不同检测项目对应的检测方法、限量标准等。制定统一的跨部门监测结果的上报格式，构建新的统一的涵盖食品全生命周期监测报告系统，提高数据共享能力，实现“环境—食品安全—健康”全链条各部门间的合作。过去分散、孤立、小规模的信息化建设状况要转变为一体化、协同共享的“环境—食品安全—健康”链的食品安全信息化建设体系，倾力打造环境、食品安全、健康大格局。通过开展“环境—食品安全—健康”链的食品安全信息化统一标准研究，实现地理因素、化学污染物、微生物、食源性疾病、有毒有害物质、总膳食消费量和营养调查等多维风险因子的综合管理，例如，行政区域编码、食品分类系统的统一，对于实现数据关联和挖掘有重要意义[①]。

（五）加强大数据复合型人才培养

既具备环境保护、食品安全、健康医疗业务知识，又懂信息化技术的复合型人才是保证跨领域的食品安全大数据建设的基础。食品安全风险监测预警及食品安全大数据综合利用的首要任务是培养大数据标准专业人才，这些人才不仅要求具有大数据思维、国际视野、开放意识，还应具备医学、食品、数理统计、IT、互联网、云计算、数据库等多学科知识。对于实现食品安全社会共治至关重要，是保证跨领

① 肖革新、肖辉、刘杨：《食品安全大数据分析思考》，载《中国数字医学》2014年第1期。

域的食品安全大数据建设顺利开展的重中之重。解决食源性疾病监测与食品安全风险监测数据共享与综合应用所面临的首要问题，就是培养大数据标准专业人才。通过建立食品安全数据标准和编码体系，打通跨部门监测数据链，不仅是发现食品安全系统性风险的需要，而且是实现多部门协同治理提高工作效率的需要。

五、展望

当前，我们已经进入了信息化发展的新阶段——大数据时代，全社会的信息化程度不断提高，以大数据和云计算为核心的信息技术变革，为我们解决食品安全问题提供了新的思维方式和技术手段。大数据时代，需要我们改变原有的以条块业务为主的信息系统建设模式，构建以“人的健康生活需要”为核心的食品安全治理信息平台，融合共享跨部门、跨层级、跨区域的“环境—食品安全—健康”全链条的数据，用以提升我国的食品安全治理水平，最终服务公众身体健康。

从中国总膳食研究视角看待食品安全问题的变化

李筱薇* 吕 冰**

摘要：文章详尽地介绍了总膳食研究的目的和意义，以及运用总膳食研究规划食品安全监管品种，并与污染物监测网共同构建起食品安全国家级评估的必要性。结合总膳食研究的发现结果探讨了食品安全问题的变化，为梳理政策、环境变化下食品安全的核心问题提供了科学依据。

关键词：总膳食研究；食品安全；污染物监测

Abstract: This article discusses what we know about some of the main food safety risks in China. The focus is on role of the China Total Diet Study (TDS) as a tool for food safety risk assessment and the selection of priorities for monitoring. The paper compares the strengths and weaknesses of the TDS with those of two other major sources of information about food safety and nutrition: The National Contamination Monitoring Network and the China Health and Nutrition Study. This paper uses an analysis of lead, cadmium and pesticide residues to conclude that, despite its shortcomings, the TDS provides the most reliable source of information about the actual dietary intake of harmful substances.

Key Words: total diet study; food safety; food contamination monitoring network

* 中国科学院地理科学与资源研究所健康、环境与发展论坛，北京，100101。

** 国家食品安全风险评估中心，北京，100021。

一、背景

安全的食品是公共卫生的重要基础，食品安全监管必须从确定食品中存在哪些有害物质以及它们所呈现的风险水平开始。食品相关的健康风险可以从食物链的不同节点进行挖掘。从工业生产所造成的环境污染，农业生产活动中的废弃物处置方式，农业投入品的不当使用，包括化肥、农药和兽药，以及食品运输过程可能存在的污染或者不卫生的状况。无论是销售或者消费环节，在家或者外出就餐都有可能产生食品安全问题。

因此，食品安全相关的全产业链监管，需要确保可以对每一个风险点进行评估，并制定以保护健康为目的的相关标准。例如，1995 年颁布的《土壤环境质量标准》（GB15618—1995）；1992 年颁布、2005 年修订的《农田灌溉水质标准》（GB5084—2005），用于对农业生产为目的的土壤和灌溉用水的重金属和其他有害物质进行检测。同样，为了规范农业生产活动，1997 年发布、2002 年和 2010 年两次修订的《肥料合理使用准则（通则）》（NY/T 496—2010）。与欧美等其他国家一样，我国实行农兽药登记制度，根据2007年12月8日农业部令第9号公布、自 2008 年 1 月 8 日起施行的《农业部关于修订〈农药管理条例实施办法〉的决定第三次修改》，以及《兽药管理条例》2004 年 4 月 9 日（国务院令第 404 号）发布、2016 年 2 月 6 日第二次修正版（国务院令第 666 号），任何单位和个人不得生产未取得生产许可证或者生产批准文件的农药和兽药，使用农兽药时应遵守国家有关安全合理使用的规定。2013 年 6 月 1 日起修订施行的《食品中污染物限量标准》（GB2762—2012）以及 2014 年 8 月 1 日起修订施行的《食品中农药最大残留限量》（GB2763—2014），是我国监管食品中化学污染物和农药残留的唯一强制性国家标准。GB2762—2012 规定了 13 种污染物在 20 大类食品的限量规定，共设定了 160 余个限量指标。GB2763—2014 规定了 387 种农药在 284 种食品中的 3 650 项限量指标，基本覆盖百姓经常消费的食品种类，能够保障“生产有标可依、产品有标可检、执法有标可判”。

最后，我们应该意识到：一方面，对于环境甚至食品本身的检测只能测定潜在的风险；另一方面，正如本书中贺珍怡和王五一讨论的很多类似的检测一样，只能涵盖单一维度。而复杂的多维度影响食品安全的诸多方面的相互作用又是什么呢？举个例子，对于土壤中重金属的检测是一种不可靠的确定水稻是否受到重金属污染的方法，因为许多其他因素，诸如土壤酸碱度、气候条件和作物品种，将直接决定土壤中重金属有多少能够被作物吸收。在不利的条件下，尽管土壤中的镉含量符合国家标准，作物中的含量仍然可能超标；反之亦然①。

虽然土壤，水和农业投入品标准提供了一个好的保护健康的整体框架，但是国家标准也不应该是一个可以解决所有问题的方法。中国的地域宽广、环境复杂、人口众多，不仅农村和城市差异巨大，不同地域也呈现不同的饮食文化。例如，面食是北方地区最主要的主食，而米饭在南方则更常见；在南方，肉类的消费主要是猪肉，而某些西北省份，牛、羊肉却更受欢迎；沿海地区的水产消费量比内陆地区大很多。这意味着，在中国任何特定区域，所存在的食品安全风险截然不同。鉴于食品安全监管的地域属性，为了更合理和有效地利用资源，了解这些饮食模式及其对食品安全的影响至关重要。

本文讨论了营养与食品安全领域风险评估过程中经常用到的 3 部分数据来源——营养监测、食品污染物监测网和总膳食研究（TDS），并为我们展示了中国食品安全的概貌。在本文的第一部分，介绍了这 3 个数据库各自的特点以及相互的互补性，并着重介绍了总膳食研究的方法学和发展历程；第二部分，通过全面解读 5 次中国总膳食研究的结果，展现中国食品安全问题的演变现状。

① Holdaway J, Wang W Y. From Soil Pollution to “Cadmium Rice” to Public Health Impacts: An Interdisciplinary Analysis of Influencing Factors and Possible Responses Journal of Resources and Ecology, 2018, 9(1): 10–21.

二、食品安全与营养信息的 3 个主要来源

（一）中国居民营养与健康监测介绍

对营养和健康关系的认识有着悠久的历史，跨越多种文化。在中国，这种理解是反映在中医的一项重要原则——“病从口入”之中。然而，尽管吃对于健康如此重要，直到 20 世纪中叶，国家才开始系统地调查饮食与健康状况的关系。中国健康与营养调查（CHNS）开始于 1959 年，是一个全国性项目，覆盖每一个省份，每 10 年进行一次。2010 年以后调整为中国居民营养与健康监测项目，每 5 年开展一次。调查采用收集自我报告的食品消费量数据，然后结合食物成分表，计算一般营养素的摄入情况。同时与健康检查的数据以及吸烟、饮酒和锻炼的信息相匹配。调查提供了一个良好的营养素摄入量与健康关系的整体描述。

然而，该调查结果完全取决于消费量的记录，没有对食品中的营养素进行实际的测定，研究重点是关注营养状况（包括是否营养不良或营养过剩）。样本规模巨大，同时有助于理解膳食模式及其变化对于食物消费量的影响，但是与总膳食研究相比，并不直接提供食品安全信息。

（二）总膳食研究的特点

自 1968 年起在全球范围内开始了总膳食研究，用以评估一个国家或地区通过食物摄入的有毒有害物质。除了检测重金属、农药和食品添加剂中的有害化学物质以及抗生素以外，总膳食研究有时也关注食品中有益于健康的物质，包括铁、钙、锌、硒和其他营养成分[①②]。在

① FAO/WHO (Food and Agriculture Organization of the United Nations, World Health Organization), “A model for establishing upper levels of intake for nutrients and related substances: report of a Joint FAO/WHO technical workshop on nutrient risk assessment”, Geneva, WHO, 2006, pp. 132.

② FAO/WHO (Food and Agriculture Organization of the United Nations, World Health Organization), IPCS (International Programme On Chemical Safety), “Principles And Methods For The Risk Assessment Of Chemicals In Food”. Environmental health criteria 240. WHO, Geneva, 2009.

营养与健康的关系日益被关注的今天，良好的饮食习惯可以保护健康，抵御疾病，人们越来越需要了解食物中的营养、质量和成分的关系。到目前为止，了解营养元素摄入状况的主要数据来源于营养调查，最通常的做法是使用营养调查的食物消费量数据，结合食物成分表中的营养成分数据，通过计算得到营养素的摄入量。我国从 1959 年开始的营养调查项目，作为了解国民营养健康状况的全国性项目，定期开展，包含所有的省（自治区、直辖市），调查人数众多，其结果全面反映国民营养健康水平。但是总膳食研究是以实际摄入的膳食作为研究对象，通过实验室检测得到涉及经口摄入的营养素的含量，因此它可以用来补充和验证营养调查中使用的计算方法。

目前，一些国家也使用 TDS 方法估计营养物质的摄入量，特别是矿物质，然后将其与推荐摄入量（RDA）相比较[①-⑥]。与评估危险化学物质一样，TDS 也可作为筛选工具或精细评估方法，通过与最大摄入量 (ULs) 进行比较，对人群摄入营养素充足或过量进行评价[⑦]。因此，他们不仅可以对膳食的安全性，还可以对其营养品质做总体评价。

同时，总膳食研究用于评估慢性膳食暴露具有独特优势，它可以作

---

① Van Dokkum W, et al. “Minerals and trace elements in total diets in the Netherlands”. *British Journal of Nutrition*, 1989, 61, pp.7–15.

② Ockhuizen T, Vaessen HAMG, Vos RHD, et al. *The Validity of Total Diet Studies for Assessing Nutrient Intake, Monitoring Dietary Intakes*. Springer London, 1991, pp.9–18.

③ Mrh L, Brussaard J H, Kfam H, et al. Adequacy of the diet in the Netherlands in 1987–1988 (Dutch nutrition surveillance system) . *International Journal of Food Sciences & Nutrition*. 1994, 45(1): S1–S62.

④ Pennington J A, Schoen S A. “Contributions of food groups to estimated intakes of nutritional elements: results from the FDA total diet studies, 1982–1991”. *International Journal for Vitamin & Nutrition Research*, 1996, 66(66), pp.342–349.

⑤ Turrini A, Lombardi-Boccia G. “The formulation of the market basket of the Italian total diet 1994–96”. *Nutrition Research*, 2002, 22(10), pp.1151–1162.

⑥ Lombardi-Boccia G, Aguzzi A, Cappelloni M, et al. “Total-diet study: dietary intakes of macro elements and trace elements in Italy”, *British Journal of Nutrition*, 2003, 90(6), pp.1117–1121.

⑦ FSZANZ (Food Standards Australia New Zealand), 22nd Australian Total Diet Study. A total diet study of five trace elements: iodine, selenium, chromium, molybdenum, and nickel, 2008.

为评估通过食物来源的有害物质的长期慢性暴露的有效方法。总膳食研究被设计成评估覆盖一个国家或地区居民一生中所有膳食及其膳食中所包含化学物质的方法，并通过低水平、平均值和高水平食物消费量数据对相关化学物质的暴露量进行评估的方法（包含慢性膳食暴露）。

总膳食研究一般遵循由联合国粮食和农业组织以及世界卫生组织建立的国际通则，但是国家或地区也可以根据他们自己的政治、经济、文化和传统等实际情况设置优先关注品种[①]。为了确保能准确了解被调查人群的日常饮食习惯，TDS 开始前会在该地区记录饮食历史，了解经常食用的食物以及食物准备方法。然后购买这些食物，并根据当地的烹饪习惯加工成可食用的膳食。在混合食物样品法[②]中，准备好的单个食物会被混合到有代表性的食物分组中，然后匀浆制备分析样品，分析有害的和 / 或有益的化学物质。膳食样品也包含了烹饪中使用的油、调味品以及烹调用水和饮用水。

TDS 的优点是，这种方法不仅揭示了各种食物中有害和有益物质的含量水平，而且，结合食物消费量信息，可以得到来源于所有食物的对于这些物质的暴露水平。它通过收集关于污染物的毒理学信息和含量水平，以及基于各类食物的消费量，估计人群对于这些物质的膳食暴露水平。它还可以在一轮测试中，评估可能通过不同节点进入食物链中的有害物质，实现从农场到餐桌的全产业链。相反，许多监测数据侧重于原材料中的单个化学物质，无法直接与人群的膳食暴露相联系。例如，对于霉菌毒素，必须进行谷物检测；但是，谷物还将进一步加工，研磨成面粉并且用来制作各种主食。由于缺乏直接入口状态下的膳食分析数据，因此，根据原料面粉的污染水平估计此类加工食品中的真菌毒素的水平将是一项挑战，甚至可能会错误地估计膳食

① FAO/WHO (Food and Agriculture Organization of the United Nations, World Health Organization). “Dietary exposure assessment of chemicals in food”. Report of a joint FAO/WHO consultation, Annapolis, Maryland, USA, WHO, Geneva, 2005, pp.88.

② 混合食物样品是指产生一种独特的食物样品供实验室分析，通过将相同品种的多个食物样品进行混合（单个食物样品法：如一个水果样品是由多种类型的水果混合而成）或通过混合多种类型的食物而形成一个食物种类（混合食物样品法：如一个水果样品是由不同种类的水果组成，像苹果、梨、香蕉等）。

暴露水平。TDS 方法有效地消除了这种不确定性。

（三）污染物监测网

随着全球对食品安全关注度的不断上升，国际组织也相应开展了食品中污染物的监测。1976 年，WHO 建立了全球环境监测系统——食品中污染物监测和评估项目，俗称 GEMS/Food，为食品法典委员会提供信息，并成为国际上公认的食品安全标准和实践指南。

中国已经建立了政府级的国家食品安全污染物监测网络（FSCN）。FSCN 在中国预防医学科学院的主持下于 2000 年成立，初期覆盖 10 个省份，每个省份 2 ～ 4 个区县，每年进行一次。初期样本量就有 20 000 份 / 年，其中 2 000 份用于重金属和农药残留（有机氯和有机磷）的监测[①]。2002 年，在科技部的支持下，FSCN 覆盖范围扩大到 14 个省份（吉林、河北、北京市、陕西、河南、山东、上海市、江苏、福建、浙江、湖北、重庆市、广东和广西自治区）和样本也增加到 100 000 项。从 2010 年起，卫生部等六部委联合发布了新的食品安全风险监测计划，要求建立覆盖城乡的风险监测体系，并强调包括整个食品链以及所有市级行政单位。监测站点必须考虑地理、地质和气候条件，考虑人口分布和经济发展水平，尽可能考虑工业生产和环境污染带来的影响。

FSCN 的监测项目每年会有一定的变化，一方面需要考虑国家食品安全优先关注项目，并配合 GEMS/Food 的数据上报要求；另一方面也要考虑，连续开展的特定食品污染物监测更有利于关注其分布和变化趋势。

根据 FSCN 的监测计划，在满足有效质量控制的前提下，省市疾病预防控制中心负责并独立完成所有监测样品中污染物的测定。FSCN 的监测数据是海量的。但是，同时应该指出，FSCN 与 TDS 比较侧重点不同。主要表现在：首先，它测定的是生样，而不是入口前的膳食

① 王茂起、王竹天、冉陆等：《2000 ～ 2001 年中国食品污染物监测研究》，载《卫生研究》2003 年第 32 卷第 4 期，第 322-326 页。

样品，因此它不能准确评估膳食中的污染物含量或者饮食习惯的差异；其次，FSCN 的检测方法无须特别精确，只需要用于判定是否符合国家食品安全标准，因此比 TDS 的检测方法的灵敏度要低；最后，与 TDS 的评估结果公开发行相反，FSCN 的结果以年度监测报告的形式上交，主要作为国家制定食品安全标准以及风险评估的主要数据来源，不作为公开数据发布[①]。

三、三种监测方法的互补与局限

TDS 是在中国卫生部的领导下开展的，但是开展 TDS 的资金大部分来源于科研课题，不同于污染物监测网的经费全部来源行政经费的转移支付。与其他国家一样，中国颁布的食品安全标准是基于国际标准——Codex 食品法典，通过食品安全立法以及各部委的支持开展系统的监测，并要求在生产、流通、零售的各个环节，强制执行[②]。然而，政府监测的重点更倾向于针对单个食品或食品生产系统，要求符合标准。这意味着不可能通过监测获得多种食物，以最终食用的混合膳食形式来考量风险的大小。

此外，用于判断监测网中的备检样品是否符合卫生标准，只要求检测方法的灵敏度精确到符合国家标准的水平。在实践中，通常要求检测方法的检出限和定量限（LODs 和 LOQs）低于最高残留限量（MRL）或限量水平（ML）的 1/10 ～ 1/5，以确保检测结果的准确性即可。然而，这些数据不大可能反映一般食品中的含量水平。这是因为，一方面，监测网重点关注的食物品种，往往是可能含有被关注污染物含量较高的品种；另一方面，由于检测方法的灵敏度要求不高，低于检出限的结果很难反映食品中某种有害物质的背景水平。

从另外一个方面也可以看出，TDS 不作为判断单个食物是否符合

① 李海强：《6 部门联合印发 2010 年国家食品安全风险监测计划》，载《中国食品》2010 年第 8 期，第 92 页。

② Sun J J, Review of the "Law of the People's Republic of China on Quality and Safety of Agricultural Products". *Journal of Resources and Ecology*, 2018, 9(1): 106-113.

国家食品安全标准的手段，而是用于评估经口即食状态下的混合膳食安全性。

不同方法带来了不同的关于认知食品安全的信息。我们已经看到，TDS 通常是最准确和可靠的慢性膳食暴露评估方法。这是因为其他类型的膳食暴露评估所包含的保守假设是不存在的。TDS 最准确地反映各种化学物质在即食状态下，可食部中的含量水平，并且考虑了加工、食物烹调以及贮存过程中的损失。它的优点是，涵盖了存在的已知的各种化学污染物，针对总的膳食摄入，以及检测的是食物经口即食状态；包含食物准备以及烹饪状态下对于不同化学物质的影响，结合人群消费量数据，可以描述一个更准确的膳食暴露状况。最后，它所提供的人群膳食暴露信息包含所有已知的化学污染物，并不局限于仅仅是食品安全标准规定的污染物，这对于公共卫生研究意义深远。

TDS 主要是被用于评估通过整个食物供应而广泛分布的低含量的污染物，诸如重金属或二噁英或食物类别中确定的潜在污染物。TDS 方法作为一种筛选方法，可确定食物或食物种类需要特定监测的污染物[①②]；作为评估的工具，可确定在总人群中化学物质膳食暴露的可能趋势，并且评估目前风险管理政策的有效性。然而，由于单个食品被混合到相应的食物组别中进行测定，它不能提供特定食物对于某项暴露是否具有显著贡献或是某类特定人群的暴露信息。如果在混合样品法中发现了某种高污染物质，需要另一个评估来确定污染的真正来源。可以是另一个总膳食研究，或者如果本次研究中保留了所有的单个样品，那么可以通过进一步的测定来确定。这种总膳食研究被称为单个食物样品法。

---

① WHO (World Health Organization), "Report of a Joint USFDA/WHO International Workshop on Total Diet Studies in cooperation with the Pan American Health Organization" . GEMS/Food, Food Safety Programme Department Of Protection Of The Human Environment World Health Organization. Kansas City, Missouri, USA 26 July-6 August 1999, p. 50.

② WHO (World Health Organization), GEMS/Food Total Diet Studies. "Report of the 2nd International Workshop on Total Diet Studies" . Food Safety Programme Department Of Protection Of The Human Environment World Health Organization. Brisbane, Australia, 4-15 February 2002. WHO, Geneva, pp.56-58.

单个样品法是基于对于食物品种的聚类来得到更具代表性膳食样品，当需要对某种膳食暴露的特定的食物来源加以确认时，聚类需要更精确并适宜确定污染来源（如将聚类的食物品种扩展到 200 ～ 300 份不同的食物）。因为 TDS 的结果是基于经口即食食物，因此其暴露评估结果相对于传统的污染物监测网应该更具代表性。这种方法将使结果更有针对性地指出某种污染来源（如饼干）或更适合于评估某个子人群（如 2 ～ 7 周岁的儿童）。单个食物样品法相对于混合食物样品法，更倾向于针对在所有的食物品种中分布不太广泛的污染物质。

尽管总膳食研究有很多优点，但是其不适合于评价国家总膳食研究食品采样单上不包含的，具有特殊饮食习惯的子人群，例如，少数民族人群；不适合于提供食物供应中某种化学物质的精细的全分布的结果；不适合于计算高污染膳食暴露水平或评价准确的膳食暴露，因为混合食物样品法只提供平均污染水平；不适宜于评估罕见、局限性、不均匀或短期出现的污染物的偶然事件。因此，总膳食研究可以提供一个国家或者地区全景式的膳食污染概况，发现亟须关注和重点监测的食物品种以及污染物种类。但是不可能捕捉到急性的、局部的、偶然发生的事件。基于这些原因，理想状态是食品污染物监测与总膳食研究同时开展。为了更清晰地表达，表 1 展示了 3 种监测方法的异同点。

表 1　3 种监测方法的比较

	营养监测	污染物监测网	总膳食研究
开始时间	1959 年	2000 年	1990 年
经费来源	政府财政	政府财政	科研课题经费 /2015 年以后有部分政府财政经费补充
频率	开始为每 10 年，2010 年后为每 5 年一轮	每年	开始时期，频率不定，2010 年后为每 5 年一轮
覆盖地区（省份）	31 个省、自治区、直辖市	2000 年为 9 个，逐步扩展到 2009 年的 16 个；2010 年以后要求为 32 个省、自治区、直辖市及新疆生产建设兵团均参与	1990—2007 年，前 4 次 TDS 为 12 个；2009—2015 年第五次为 20 个；2016 年开始的第六次为 24 个省份

续表 1

	营养监测	污染物监测网	总膳食研究
布点原则	以代表中国人为目的，将全国分为 7 层（大城市、中等城市、小城市、一类农村、二类农村、三类农村、四类农村），每层分别随机选点	要求为全覆盖，包含所有地市级以上行政单位；监测点必须考虑地理、地质和气候条件；考虑人口分布及经济发展水平；尽可能考虑工业生产和环境污染的影响	以省份为单位，选取省内中等收入地区。2007 年及以前的 4 次，选取了 12 个省份，每个省份有 3 个调查点，包含 1 个城市点和 2 个农村点；第 5 次以后，按照省内的人口，5 000 万人口以上的省份，每个省份有 6 个调查点，5 000 万人口以下的省份，每个省份有 3 个调查点
调查主要项目	食物消费量（包括 3 d 入户称量、3 d 24 h 膳食回顾以及食物频率法）；部分调查对象的血压、血脂、血糖、血红蛋白	市售食品中监测污染物的含量水平。监测的食品主要针对我国产量大、流通范围广、消费量高的食品。监测指标主要针对食品中对健康危害大、各食品安全监管部门在日常监管中发现有问题倾向且受关注的物质，包括重金属、农药和兽药残留、真菌毒素、食品添加剂、非食用物质、加工过程中可能形成的有害物质以及食源性致病菌等。含量测定由各省份分别完成，监测数据通过网络上报国家	食物消费量（包括 3 d 入户称量、3 d 24 h 膳食回顾）；按照各省份的食物消费量聚类后形成采样单，在调查点当地按照采样单采集食品样品，送到省里统一的地点，将食品样品按照当地的烹调习惯烹调成入口前的膳食样品，将烹调后的样品制成单个样品及类别混合样品匀浆；送国家级实验室，测定样品中几乎所有关注的化学污染物含量，结合食物消费量数据得到化学污染物的暴露评估结果
食品相关数据类型	个体食物消费量；食物消费量数据可以结合食物成分表中的营养素含量计算得到营养素的摄入量	各省份售单个食品中监测污染物的含量	个体食物消费量、烹调后聚类食物类别中几乎所有化学污染物的含量水平、膳食暴露量
数据介绍	食物成分表中的营养素含量数据的测定由全国几家检测能力优秀的实验室完成，每一个食物样品来源于 9 个省份，每一种食物的同一个营养元素含量的最终结果由多份测定结果平均得到；食物品种几乎涵盖中国人的所有食物	各省份在有效质量控制的前提下，独立完成食品样品的污染物含量测定。单个食物品种在不同的监测点分别采样，单个食物样品分别测定，数据量巨大	所有各省份完成的经口状态下的膳食样品中的污染物含量均由国家级实验室独立完成，样品结果的可比性优良；且结果以膳食暴露评估为目的，仪器方法的灵敏度高。多次连续开展的结果可以有效评估某些污染物的变化趋势

续表 1

	营养监测	污染物监测网	总膳食研究
数据发布	2002 年之前，数据发布主要以科研论文的形式；2002 年以后数据结集出版，仅公布国家层面数据	数据涉密，不对外发布。仅形成年度监测报告上报卫计委（现为国家卫生健康委员会，简称卫健委）和国务院	2007 年之前，数据发布主要以科研论文的形式；之后除了科研论文之外，每次出版汇总数据的书籍；公开所有食物聚类结果、实验室测定污染物含量水平以及污染物的暴露评估结果
作用	定期收集我国居民营养与健康状况信息数据，分析和发现营养健康问题及相关危险因素	了解我国食品安全整体状况，掌握食品污染水平、分布及其变化趋势；为开展食品安全风险评估，制定和修订食品安全标准以及其他食品安全相关政策的制定提供科学依据；发现食品安全隐患，为政府食品安全监管提供科学信息。 此外，针对社会关注的食品安全问题，及时开展针对性的应急监测，为及时处理食品安全事故和媒体事件提供技术支撑	全面评价中国人膳食的安全性和营养价值；长期开展可以评价中国人膳食质量的变化趋势；为制定食品中污染物允许摄入量标准和推荐每日营养素供给量的依据
数据特点及局限性	主要调查食物消费量数据，摄入量数据是通过《中国食物成分表》计算得到，数据只包含营养素，国家层面的信息且检测样品为市售生样；由于调查点的选取原则，各省的调查点分布不均衡，省别数据的比较存在问题；完全不包括食品安全方面的数据	食品污染水平数据量大，涵盖的食物品种以及分布地区较为全面；由于由不同实验室分别测定样品，且测定方法的检测限以符合判定是否超过国家食品安全标准为原则，方法的灵敏度不高。检测的食品污染物类别以及重点监测食物品种每年不同，趋势变化情况的评价略有欠缺。检测样品为市售商品	包含食物消费量数据以及污染物含量数据；由于由同一家实验室完成，虽然各省间数据的比较性优良，但是由于检测工作量巨大，大多数污染物的含量数据只能得到分省的食物类别数据，单个食物的污染物含量数据目前只有个别重金属元素和营养元素的结果

四、中国总膳食研究的发展

我国已经成功地开展了 5 次全国性 TDS。建立了具有中国特色的 TDS 方法和体系。1990 年，1992 年，2000 年和 2007 年的 4 次 TDS 都以相同的 12 个省、自治区、直辖市分成 4 个大区或“菜篮子”，覆盖我国总人口的接近 50%。1990 年是初次尝试，采用最简单的混合食物样品法，将食物分成 12 类，共计 48 个混和食物样品。但只有全人群成年男子标准人这一个模式膳食组。实验室测定项目 11 大项，包括热量，蛋白质（含氨基酸），脂肪（含脂肪酸），营养元素和重金属（铅、镉、汞），有机氯和有机磷农药，黄曲霉毒素 B1、M1 和放射性核素等[①]。

1992 年的第二次研究仍采用 12 类的混合食物样品法，但根据膳食调查结果将人群分成城乡和 4 个性别－年龄组，实验室测定项目增加了稀土元素、铝等项目，所得到的信息量既包括城乡差异，又有 4 个性别－年龄组和春秋两季，较 1990 年前进一步[②]。

2000 年开展的第三次中国 TDS 中采用了混合食物样品和单个食物样品相结合的方法，即在将食物样品按类别混合的同时，分别保留所有 12 个省、自治区、直辖市的单个食物样品，共计 662 个。这样既可用混合食物样品的结果与前两次的结果进行比较，又可在必要时检测个别样品。实践证明保留单个样品是十分有用的。首先，可以用于污染溯源，即在任何混合样品中发现高水平的某种污染物时，通过溯源可找到特定省的特定样品[③]。同时，在需要对某种成分进行仔细测定时，可以对 662 个单个样品全部测定，以得到 12 个省的分布结果。

① Chen JS, Gao JQ. “The Chinese Total Diet Study in 1990, Chemical Contaminants”. *Journal of AOAC International*,1993,76(6): 1193-1205.

② 陈君石、高俊全：《1992 年中国总膳食研究—化学污染物（一）不同地区的比较》，载《卫生研究》1997 年第 26 卷第 3 期，第 199-204 页。

③ 赵云峰、李敬光、封锦芳、赵京玲、吴永宁：《2000 年中国总膳食样品中六六六和滴滴涕污染的溯源性分析》，载《卫生研究》2004 年第 33 卷第 4 期，第 459-461 页。

2000 年中国 TDS 所进行的实验室检测项目在原来的基础上还扩展至一些新兴的和近来关注比较高的有机污染物，如多氯联苯、丙烯酰胺、有机锡、氯丙醇等①②③④。

2007 年的 TDS 基本保留了 2000 年的方法，但将按 4 个大区混合食物样品得到的菜篮子样品改变为仅混合到省的水平，混合样品由原来的 44 个扩大到按省的 144 个，而且仍然保留了每个单个样品溯源单独测定的方法；同时也进一步扩展了更多的检测项目：包括全氟化合物、溴代阻燃剂、碘等项目，并且逐步开展单个样品法，首先在重金属和营养元素的测定中使用单个样品法，这样就可以得到高暴露百分位数的分布数据，对于评估我国居民的膳食暴露情况，将得到更有意义的数据，使中国 TDS 方法日趋完善⑤。

2009—2015 年开展了第五次中国 TDS，在保留中国特色的混合食物样品法和单个食物样品法的基础上，将中国 TDS 扩展到 20 个省份，检测项目也发展为目前世界上最多的检测项目的国家。

表 2 给出了随着时间的推移，中国 TDS 的演变和推进过程。原则上，随着时间的推移，TDS 将不仅能够准确地评估食品的安全性和营养成分以及不同人群的膳食摄入量，还可以提供不同食物类别 / 组或单个食物在不同年龄、性别组中污染物和营养素的贡献来源，所得到的数据可以作为优先制定食品中污染物限量标准的科学依据；根据所得到的数据可以确定一个地区或人群需要优先控制的污染物。还可与健康指导值相比较。识别最危险的人群或子人群。这些信息可用于制定管制和公共卫生干预措施的优先事项。如果连续开展 TDS，所得到的

① Li JG, et al. “Dietary intake of polychlorinated dioxins, furans and dioxin-like polychlorinated biphenyls from foods of animal origin in China” . *Food Additives and Contaminant*. 2007, 24:186-193.

② Zhou Pingping, et al. “Dietary exposure of the Chinese population to acrylamide” . *Biomedical and Environmental Science*, 2013, 26(6): 421-429.

③ 赵孔祥、赵云峰、吴永宁：《中国居民膳食有机锡污染水平和摄入量》，载《中华预防医学杂志》2007 年第 41 卷第 6 期，第 453-457 页。

④ 崔霞、李荷丽、李珊等：《第四次中国总膳食研究膳食氯丙醇酯污染及暴露评估》，会员代表大会，2014 年。

⑤ 吴永宁、李筱薇：《第四次中国总膳食研究》，化学工业出版社，2015 年版。

数据可以用来分析食品污染的结构，某些污染物对消费者健康存在的潜在危害及其发展趋势；或者用来评价某一个（些）控制措施的效果。

表 2　中国总膳食研究基本要素的发展演变

TDS	开展年份	区域划分以及包含省份	食物种类	人群分组	检测项目
第一次	1990	北方一区 黑龙江省、辽宁省、河北省 北方二区 河南省、陕西省、宁夏回族自治区 南方一区 江西省、福建省、上海市 南方二区 湖北省、四川省、广西壮族自治区	13 类：谷类及其制品；豆类、坚果类及其制品；薯类及其制品；肉类及其制品；蛋类及其制品；水产及其制品；乳及乳制品；蔬菜类及其制品；水果类及其制品；糖及糖制品；饮料及水；酒类；调味品类	成年男子	测定项目 11 大项，包括热量，蛋白质（含氨基酸），脂肪（含脂肪酸），营养元素和重金属（铅、镉、汞），有机氯和有机磷农药，黄曲霉毒素 B1、M1 和放射性核素
第二次	1992			4 个性别－年龄组	增加了稀土元素、铝
第三次	2000			2～7 岁；8～12 岁；13～19 岁男性；13～19 岁女性；20～50 岁男性；20～50 岁女性；51～65 岁男性；51～65 岁女性；大于 65 岁男性；大于 65 岁女性；全人群	增加新型有机污染物，如多氯联苯、丙烯酰胺、有机锡、氯丙醇等
第四次	2007				增加包括全氟化合物、溴代阻燃剂、碘、真菌毒素等项目
第五次	2009—2015	增加北方一区：吉林省、北京市；增加北方二区：青海省、内蒙古自治区；增加南方一区：江苏省、浙江省；增加南方二区：湖南省、广东省			增加反式脂肪酸，真菌毒素扩展到 38 种

应该着重指出的是，在中国 TDS 的发展过程中，伴随着方法的不断完善，接连有不同的污染物进入中国 TDS 的检测列表，以及分析样本的不断扩大，也意味着跨年度的严格意义上的结果比较，对于某些

污染物是很欠缺的。

五、从总膳食研究视角，看待中国的食品安全问题

（一）膳食铅的暴露

铅是受到人们极大关注的一种重金属元素，主要由于其严重的健康危害，摄入过高可以引起儿童智商水平下降或者成人的收缩压增高[①]。从1990年开始的5次中国TDS均包含膳食铅的暴露评估，结果如图1所示，我们可以看出，20年间铅的膳食暴露量从86.3 μg/d逐步下降至34.4 μg/d。按1993年JECFA发布的暂定每周耐受摄入量值（PTWI），即每公斤体重每天0.025 mg计算，在这段时间，中国居民平均每周摄入量从40.3%的PTWI下降到15.3%的PTWI。然而，JECFA随后于2010年撤销了PTWI值，因为根据最新的研究数据表明，没有完全安全的铅的摄入量水平[②]。这意味着，中国需要继续努力以减少食品中铅的含量水平。

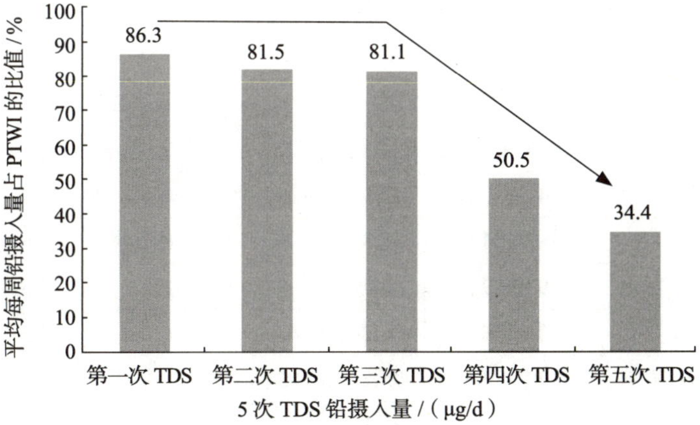

图1　5次TDS铅摄入量比较

① WHO (World Health Organization), WHO Europe: Exposure of Children to Chemical Hazard in Food, FACT SHEET 4.4, December 2009, CODE: RPG4_Food_Ex1.

② JECFA. Seventy-second meeting Rome, 16-25 February 2010, Summary and conclusions. Available online: http://apps.who.int/iris/handle/10665/ 44514.

进一步观察这一下降趋势，我们发现膳食铅的暴露量并不是持续下降。1990—2000 年的前 3 次 TDS 中，膳食铅的暴露量基本稳定，到了 2007 年第四次中国 TDS 时，膳食铅的暴露量突然下降了，究其原因，与 1996 年禁止含铅汽油的使用以及 2005 年修订食品安全国家标准（GB2762—2005）中食品中铅的含量密切相关，标准的出台进一步减少了食品中铅的污染水平。因此，TDS 说明了这些政策在降低食品中铅含量水平方面效果显著。但是，当关注对不同性别 – 年龄人群的铅暴露量水平时，数据也显示了一些有趣却不太积极的现象。虽然每一个性别 – 年龄组的平均铅暴露量几乎没有变化，但在第四次 TDS 中，铅暴露量的变化范围明显大于第三次 TDS。第四次 TDS 中各性别 – 年龄组的中位数铅暴露量显著低于第三次 TDS，表明铅暴露总体水平明显下降（见表 3）。但是同时，第四次 TDS 中各性别 – 年龄组的高百分位数铅暴露量却显著高于第三次 TDS。这表明，即使在全面减少铅污染的背景下，铅污染仍然是一个严重的环境污染问题，甚至某些地区仍在恶化。食品安全在铅污染问题上还没有自满的余地，我们仍然任重而道远。

表 3　第三次和第四次总膳食研究中各性别 – 年龄组膳食铅的暴露量

μg/d

性别 – 年龄组	第三次 TDS			第四次 TDS		
	平均值 ± 标准	中位数	97.5th	平均值 ± 标准	中位数	97.5th
2 ～ 7 岁	54.9±37.5	43.9	146.8	45.5±60.6	22.9	251.6
8 ～ 12 岁	78.0±54.0	68.8	207.9	82.7±132.4	30.6	498.7
13 ～ 19 岁男	99.0±59.2	87.4	250.5	99.4±139.9	37.5	571.6
13 ～ 19 岁女	92.1±56.7	76.2	230.0	87.3±126.0	34.3	521.3
20 ～ 50 岁男	112.7±83.5	95.2	308.3	108.0±159.2	44.3	555.0
20 ～ 50 岁女	101.2±68.9	82.1	279.7	97.4±128.4	47.3	454.5
51 ～ 65 岁男	102.9±56.5	98.6	228.4	112.4±156.4	45.9	561.5
51 ～ 65 岁女	92.8±51.8	87.6	253.3	79.0±117.5	29.3	395.5
>65 岁男	102.0±65.2	86.0	250.9	88.6±167.3	21.7	640.3
>65 岁女	79.4±49.8	75.2	202.8	80.7±129.4	27.2	348.5

（二）膳食镉的暴露

镉是食品安全问题中另一个备受关注的重金属，它危害肾脏，并可能严重损害骨骼健康，且与某些癌症的发生相关。在中国，通过食物的镉暴露的主要来源是大米。2010 年，联合国粮食与农业组织和世界卫生组织（FAO/WHO）食品安全标准规划项目，即国际食品法典委员会（CAC）将稻米镉限量确定为 0.4 mg/kg，并被日本和中国台湾地区采纳[①]。其他国家也有更严格的标准 0.1 mg/kg（澳大利亚），以及 0.2 mg/kg（欧盟、韩国和新加坡）。中国 1994 年开始采用 0.2 mg/kg（GB15201—94），2005 年修订的食品安全国家标准（GB2762—2005）中予以保留，以保证大多数人群的健康，因为中国居民是世界上大米消费量最高的国家。

根据《食品安全法》规定而连续开展的“食品安全风险监测网”发现，按省计算的大米中镉的含量水平大概有 5% 超过国家标准。这与国家粮食局 2010 年度对粮仓中大米抽样的镉含量检测结果相一致。由农业部专项监测连续 9 年在 70 个高镉污染区超过 1 000 份的水稻样品的抽样结果发现，超标率为 10%；2010 年，卫生部另一项针对镉污染水平特别高的地区的监测结果显示，大概 80% 的样品镉含量超标。这一系列结果清楚地表明，大米镉含量超标是一个客观存在的问题，且主要集中在湖南、江西、四川、浙江、湖北、广西 6 省（自治区），以及东北和广东的一些区域，但是目前，没有任何一个部委的监测数据可以给出一个完整的污染情况汇总[②]。

TDS 告诉我们膳食中镉的暴露量是多少呢？总的来说，情况不如铅暴露量令人鼓舞。5 次 TDS 显示膳食镉暴露量在缓慢持续上升。在所有性别 / 年龄组中，19% ～ 33.2% 的个体膳食镉暴露量超过暂定每月可耐受摄入量（PTMI）；30% 的儿童—青少年组以及 20% 13 岁以上的个体膳食镉暴露量高于 PTMI。这种状况十分令人担忧。

① JECFA, Seventy-second meeting Rome, 16-25 February 2010, Summary and conclusions. Available online: http://apps.who.int/iris/handle/10665/ 44514.

② 李筱薇：《中国总膳食研究应用于膳食元素暴露评估》，中国疾病预防控制中心，博士学位论文，2012。

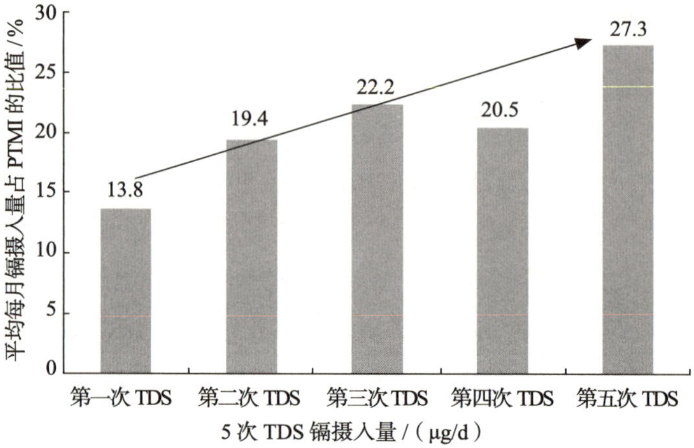

图 2　5 次 TDS 镉摄入量比较

膳食镉暴露的概率性评估数据使用 2001—2009 年卫生部食品污染物监测网的数据显示，中国 50% 的 2 ～ 14 岁儿童组平均膳食镉暴露量超过 PTMI；15 岁以上所有年龄组的人群的膳食镉暴露量达到 84.7% ～ 93.7% 的 PTMI。这一数据显示必须特别关注我国人群膳食镉暴露的健康风险。在整个人群中，有相当一部分个体面临健康风险。较低年龄组尤甚。

2007 年第四次 TDS 中采用了单个食物样品法，得以更详细地了解各个性别 / 年龄组以及高百分位数人群暴露情况，并获知其风险来源。分析发现，大米仍然是膳食镉暴露的主要来源，应该成为控制污染和公共卫生政策中优先给予关注的食物类型。

南方各省的膳食镉暴露量全部高于北方各省，一方面与南方各省大米的消费量高有直接关系，且南方居民大部分喜食籼米；另一方面也与南方部分地区土壤中重金属镉含量超标有直接关系。四川省的膳食镉暴露在 2000—2010 年持续上升，形式不容乐观；且第五次 TDS 中四川省居民平均膳食镉暴露量超过 PTMI 3 倍以上，需要引起特别关注。

（三）营养缺乏的地理和人口变化：膳食铁摄入量

根据 2002 年中国居民营养与健康状况调查，膳食铁摄入量平均为 23.2 mg/d，这比铁的适宜摄入量（AI，为 16 mg/d）水平高出很多。

但与2002年中国居民贫血患病率15.2%（其中男性为12.8%，女性为18.3%）相比较明显存在不合理性[①]。究其原因，《我国居民营养与健康状况调查》膳食营养元素的摄入量是运用膳食调查得到的食物消费量数据与《中国食物成分表》中的食物含量相乘得到的。但是很难想象，中国幅员辽阔，地区差异很大，仅仅靠一份使用了多年的食物成分表可以涵盖吗？计算得到的数据很可能高估了膳食铁的摄入水平。TDS为这个问题提供了一些启示。在2007年，第四次TDS使用单个食物样品法来评估中国居民膳食铁摄入量，并证实上述怀疑。表4我们比较了食物成分表与TDS检测得到的主要食物的铁含量，发现一些关键的食物中，地区间铁的含量差别很大（食品中铁的含量基于食物成分表的数据，单位调整为mg/kg）。

表4　食品成分表中铁含量与TDS测定结果的比较

mg/kg

食物名称	铁含量	
	食物成分表	TDS
标准粉	35	18～153
大米	23	0.04～5.9
土豆	8	2.2～121
豆腐	19	16～95
豆浆	5	1.6～12.5
绿豆	65	88～284
猪肉（瘦）	30	6～40
鸡胸脯肉	6	6～35
牛乳	3	2～19
鸡蛋（红皮）	23	16～52
草鱼	8	10～21
苋菜	54	49～133

① 李立明、饶克勤、孔灵芝等：《中国居民2002年营养与健康状况调查》，载《中华流行病学杂志》2005年第26卷第7期，第478-484页。

第四次 TDS 发现膳食铁摄入量平均为 17 mg/d，主要的膳食来源是蔬菜、谷类和豆类食品，占总摄入量的 66%。在所有性别 – 年龄组中，27.8% ～ 82.3% 的个体膳食铁摄入量低于适宜摄入量水平（见表 5）。大多数 13 ～ 19 岁女性（82.3%）的膳食铁摄入量低于 AI，这与这一组人群贫血发生率最高相吻合。这些发现显示 TDS 在区域和人口变化方面确定其营养状况的价值，可以更好地服务于公众健康的卫生政策。

表 5　第四次 TDS 10 个性别 – 年龄组膳食铁摄入量的个体分布

性别 – 年龄组	平均摄入量 /（mg/d）	分布		
		< AI	AI ～ UL	≥ UL
2 ～ 7 岁	12.67	59.8%	33.2%	7.0%
8 ～ 12 岁	15.71	59.7%	33.8%	6.5%
13 ～ 19 岁男	19.58	61.3%	37.3%	1.5%
13 ～ 19 岁女	18.39	82.3%	14.1%	3.6%
20 ～ 50 岁男	22.21	36.6%	57.0%	6.4%
20 ～ 50 岁女	19.82	61.0%	35.9%	3.1%
51 ～ 65 岁男	24.53	27.8%	66.7%	5.6%
51 ～ 65 岁女	21.08	37.1%	58.8%	4.1%
> 65 岁男	21.73	37.6%	59.0%	3.4%
> 65 岁女	18.18	49.6%	48.8%	1.6%

（四）农药残留的膳食摄入量

农药残留是公众非常敏感的食品安全问题，相关传言时有耳闻，但是我国膳食中农药残留的实际状况如何呢？农药残留的摄入量评估一直是中国 TDS 密切关注的重点。农药有许多不同的种类，且毒性各不相同。有机氯农药的急性毒性主要是刺激神经中枢，慢性中毒表现为食欲不振、体重减轻，有时也可产生小脑失调、造血器官障碍等。有机磷农药是一种对神经具有高亲和性的化合物，可经消化道、呼吸道及完整的皮肤和黏膜进入人体。大多数 OPP（O-phenylphenol，邻苯基酚）能够抑制乙酰胆碱酯酶活性，从而对人体或动物造成急性中毒；长期过量摄入可引起神经系统功能紊乱，是一类具有全身多脏器毒性的污染物。拟除虫菊酯类农药是一种神经毒剂，作用于神经膜，可改变神经膜通的透性，干扰神经传导而产生中毒，轻者出现头痛、头昏、恶心呕吐等各种中毒症状，严重者深度昏迷或休克，危重时会出现反复强直性抽搐引起喉部痉挛而窒息死亡[①]。

1. 有机氯农药

由于条件的限制，第一次、第二次和第三次中国总膳食研究中，有机氯农药仅检测了滴滴涕（DDT）和六六六（HCH）两种有机氯农药[②③④⑤]；第四次中国总膳食研究检测了 19 种有机氯农药（35 个组分）[⑥]；第五次中国总膳食研究检测了 14 种有机氯农药（30 个组分）（表 6）。与第四次中国总膳食研究相比，我国居民第五次膳食研究的滴滴涕、六六六、硫丹和七氯的膳食摄入量均有小幅增加；以滴滴涕和六六六来看，仍远小于第三次总膳食研究的摄入量。通过 20 多年的持续观察，TDS 的结果说明中国居民有机氯农药的膳食摄入在持续下降。

---

① Jensen B H, Petersen A, Christensen T. "Probabilistic assessment of the cumulative dietary acute exposure of the population of Denmark to organophosphorus and carbamate pesticides". *Food Additives & Contaminants Part A Chemistry Analysis Control Exposure & Risk Assessment*, 2009, 26(7):1038–48.

② 林媛真、陈惠京：《总膳食研究中有机氯农药残留量测定方法》，载《卫生研究》1991 年第 3 期，第 34–38 页。

③ Chen JS, Gao JQ. "The Chinese Total Diet Study in 1990 I. Chemical Contaminants". *Journal of AOAC International*, 1993, 76(6): 1193–1205.

④ 赵云峰、吴永宁、王绪卿、高俊全、陈君石：《中国居民膳食中农药残留的研究》，载《中华流行病学杂志》2003 年第 24 卷第 8 期，第 661–664 页。

⑤ 赵云峰、李敬光、封锦芳、赵京玲、吴永宁：《2000 年中国总膳食样品中六六六和滴滴涕污染的溯源性分析》，载《卫生研究》2004 年第 33 卷第 4 期，第 459–461 页。

⑥ 吴永宁、李筱薇：《第四次中国总膳食研究》，化学工业出版社，2015 年版。

表 6　5 次中国总膳食研究中有机氯农药的膳食摄入情况

中国总膳食研究	有机氯农药的膳食摄入 /[μg / (kg · bw · d)]								
	滴滴涕（DDT）	六六六（HCH）	硫丹	六氯苯（HCB）	氯丹（CHLs）	七氯	三氯杀螨醇	艾氏剂和狄氏剂	异狄氏剂
第一次 TDS	20.48	5.04	—	—	—	—	—	—	—
第二次 TDS	4.93	9.28	—	—	—	—	—	—	—
第三次 TDS	2.15	3.14	—	—	—	—	—	—	—
第四次 TDS	0.016	0.002	0.018	0.009	0.006	0.001	*	*	*
第五次 TDS	0.021	0.008	0.030	0.001	0.001	0.006	0.014	0.007	0.010

注：—表示未检测；* 表示未检出。

2. 有机磷农药

中国第一次至第五次 TDS 检测的有机磷农药分别为 12 个、14 个、15 个、58 个和 58 个组分；第一、第二和第三次 TDS 中检测有机磷农药的膳食种类仅包括谷类、蔬菜类和水果类膳食，第四次和第五次 TDS 检测了全部的 12 类膳食。与第四次中国总膳食研究结果相比，第五次 TDS 中有机磷农药的检出率较低，我国居民有机磷农药的膳食摄入量也明显降低。

3. 菊酯类农药

2007 年，第四次 TDS 开始关注菊酯类农药，与第四次 TDS 结果相比，第五次 TDS 中水果类、蔬菜类、水产类，特别是水果类膳食，对我国居民拟除虫菊酯类农药膳食摄入的贡献有所增加，而肉类、谷类和蛋类的贡献有所下降。植物性食品特别是蔬菜类和水果类是拟除虫菊酯类农药膳食摄入的主要贡献食品，动物性食品主要包括肉类和水产类的膳食贡献率基本持平。

第四次 TDS 检出甲氰菊酯、氯氟氰菊酯、氯菊酯、氯氰菊酯、氰戊菊酯、溴氰菊酯共 6 种拟除虫菊酯类农药。第五次 TDS 共检出 11 种拟除虫菊酯类农药，除第四次 TDS 检出的 6 种农药外，还检出苯醚菊酯、丙烯菊酯、胺菊酯、联苯菊酯、炔丙菊酯。与第四次 TDS 相比，大多数拟除虫菊酯类农药的膳食摄入量均有不同程度的降低，如甲氰菊酯、氯氰菊酯和氰戊菊酯。

4. 三嗪类农药

三嗪类除草剂由于用量较大、性质较稳定、残留时间较长，而且具有较高水溶性，因此在使用过程中可能对土壤、农作物、地表水和其他饮用水源造成污染，从而对人类健康和环境造成严重的危害。研究表明：该类化合物及其降解产物在水体中的残留会损害免疫系统而危害动植物和水生生物的健康。另外，这类化合物可能引起人类癌症及先天性缺陷，同时能够干扰荷尔蒙的正常功能，世界多国已将其列入内分泌干扰剂化合物名单，如阿特拉津、莠去津、西玛津和嗪草酮等。欧盟已经在 2007 年底停止了所有三嗪类除草剂在农业中的使用[①]。

对我国第四次和第五次 TDS 中三嗪类农药的全国平均污染水平进行分析比较，结果发现与第四次 TDS 相比，第五次 TDS 蔬菜样品中灭蝇胺摄入量明显升高，其余各类样品中灭蝇胺摄入量变化不大。在今后的 TDS 工作中，需要对蔬菜样品中灭蝇胺的膳食摄入重点关注。

（五）运用 TDS 进行有害物质的溯源分析

TDS 可以用来追踪食品中污染物的来源。如果发现任何混合样品中具有高水平的特定污染物，则可以追溯到某一特定省份的单个样品，因为这些样品是自 2000 年第三次 TDS 以来就长期保存的。例如，对于 2000 年在动物性食品中检出高含量六六六以后，遂进一步核查，发现 TDS 样品中北方一区、南方二区的水产食品中林丹污染，再进一步追溯到黑龙江省和湖北省的单个污染的鱼类品种[②]。

另一个例子是 2008 年发生三聚氰胺污染牛奶事件之后，TDS 从保存的膳食样品追溯到 2000 年（第三次 TDS）和 2007 年（第四次

---

① 王晓春、焦杏春：《三嗪类除草剂分析方法研究进展》，载《农药》2011 年第 50 卷第 5 期，第 320–324 页。

② 赵云峰、李敬光、封锦芳、赵京玲、吴永宁：《2000 年中国总膳食样品中六六六和滴滴涕污染的溯源性分析》，载《卫生研究》2004 年第 33 卷第 4 期，第 459–461 页。

TDS）。我们分析了 2000 年和 2007 年 TDS 所有乳制品中的三聚氰胺含量。在 2000 年的乳类样品中没有检出三聚氰胺，而在 2007 年 TDS 的所有 12 个省的乳类样品中均检出了三聚氰胺，尤其是河北省含量最高。到第五次 TDS，三聚氰胺及其类似物在乳类样品中也有少量检出。我们的结论是，2008 年的三聚氰胺事件不是偶然的，2007 年 TDS 的结果表明，在那个时期，乳制品中添加三聚氰胺是非常普遍的现象，尤其是河北省的样品，含量最高。然而，三聚氰胺事件爆发后，各类食品安全标准和法规相继出台，三聚氰胺问题迅速消失。它充分反映了 TDS 是一种有价值的食品安全风险评估方法。

六、结论

TDS 作为食品安全领域被广为推荐的膳食暴露的评估方法，在食品安全监管、卫生标准制定以及政策评估等领域发挥着不可替代的作用。通过连续的总膳食研究，给我们展现了一幅中国食品安全的真实画卷：中国的食品状况总体安全，无须过度担心。新的《食品安全法》以及食品安全国家标准的颁布、监管的加强，让一些曾经严重的食品安全问题逐步好转，同时也提示了环境污染带来的新问题。关心食品安全的同时，更需要关注不同地区、不同人群所表现出的不同的问题，更好地利用总膳食研究结果，针对性地制定区域发展规划和人群健康指导。

（二）

政策评述

02

新《食品安全法》的治理之道

——以社会共治为重点

王 旭*

摘要： 实现食品安全治理的现代化需要我们对食品安全的国家治理内在逻辑进行顶层设计。为此，从分析当前食品安全治理所处的中国社会特征出发，我们需要构建一个综合了“底线安全”“枢纽安全”“共建安全”和“内生安全”的食品大安全观。它们分别对应着“最严厉的法律责任”“统一权威高效的监管体制”“社会共治理念”和“企业作为第一责任人”4大治理根本要求。以此为分析框架，我们可以把握新《食品安全法》的基本内容，并以社会共治为重点来突出其制度亮点和治理逻辑的内在转变。

关键词： 大安全观；食品安全治理；监管体制；全程监管；社会共治

Abstract: To modernize food safety governance, we must carry out basic restructuring of its internal logic at the national level to reflect the features of contemporary Chinese society that shape food safety. This will entail establishing an overarching, macro-level conception of food safety that integrates “baseline safety”, “hub safety”, “co-constructed safety” and “endogenous safety”. These four dimensions

* 中国人民大学法学院。

of safety represent four fundamental requirements of food safety governance in modern Chinese society, which is a "risk society" (Beck 1992) and one that is also complex, open and pluralist. These requirements are: maximum legal liability, a unified, authoritative and efficient supervision system, a concept of social co-governance, and enterprises being the primary entities accountable for food safety. This article uses this analytical framework to interpret the basic contents of the newly revised Food Safety Law of the People's Republic of China, and uses a focus on social co-governance to present the institutional highlights of this law and the transformation of the internal logic of food safety governance.

Key Words: food safety governance; supervision system; whole process supervision; social co-governance; food safety law of China

2015 年 4 月 24 日，中国全国人大常委会通过了新的《食品安全法》。《食品安全法》的修改是由中国社会现实变化所倒逼，法律的调整也更加体现出国家治理体系在食品安全领域的深刻重构，新的法律只有综合把握中国社会转型基本特点并以此构建食品领域的整体安全观，才能实现食品安全治理体系与治理能力的现代化。

从不同角度来观察中国食品安全治理的实践，我们会发现这项工作已经处在一个风险社会、复杂社会、开放社会和多元社会所构成的时代环境中，新的法律正是在这 4 个基本社会特征基础上建构了一个有关食品安全治理的整体安全观，并且通过社会共治理念的确立与制度设计，实现了治理内在逻辑的重大转型。只有在把握这 4 个基本社会特征基础上建构一个食品安全的大安全观，才能完成治理和法律修改的顶层设计，确保治理体系与治理能力的现代化水平。

一、食品安全治理的顶层设计：建构大安全观

（一）风险社会与底线安全

按照当代研究风险社会学的重要学者乌尔里希·贝克（Ulrich Beck）和安东尼·吉登斯（Anthony Giddens）等的观点，人类工业文明时代面临的风险与传统农耕文明有重大不同，它不再是一种简单的自然风险，而是一种伴随着现代性的思想、政治、经济特征而来的技术风险并改变着现代性本身：首先，风险呈现出一种“民主的分布”，打破了等级社会不同等级对抗风险能力不同的传统，无论何人、何种社会阶层与地位，有些风险都需要同样面对，无法独善其身，如环境公害、生态污染和食品安全事故[①]。其次，这种风险本身正是工业文明的技术和观念革新的产物，甚至是为了规制风险而产生的新风险（如为减少病虫害使用农药而造成的食品源头污染）。

当代中国也正处在这种第二现代性条件下的风险社会转型的历史阶段。很多学者指出，在食品安全方面，中国正经历美国和欧洲在工业化和城镇化过程中由于工业产业布局、食品生产与加工技术污染（农药、化肥、食品添加剂使用）、食品供应链加长等工业文明发展本身造成的食品安全风险传播[②]。同时，由于人口迁徙和社会分工，食品生产者、经营者与消费者日益隔离开来，同时技术的革新也使得食品生产、经营、贮运等过程日益专业，工商社会使人们在陌生环境里就餐等接受食品供给服务的机会增加，整个社会的食品安全信任机制面临巨大挑战，这都使食品风险成为一种“高恐惧的风险”[③]。

---

① See Beck U, 1992. *Risk Society: Towards a New Modernity, London, Newbury* Park, California: Sage,1992, p. 77.

② Balzano, J. 2012. China's food safety law: Administrative innovation and institutional design in comparative perspective, *Asian-Pacific Law & Policy Journal* 13(2). 23-80.

③ 例如，中国国务院 2014 年政府工作报告就将“食品安全”列为人民群众最不满意几个领域之一。理论上的证明：Collins, E., 1993. “Food adulteration and food safety in Britain in the 19th and early 20th centuries”，*Food Policy* 18(2)，pp. 95-109。

风险社会使中国的食品安全越来越成为一种底线安全，随着技术革新与社会发展，人们对于食品安全保障的即刻性、充分性与优先性都提出了最严格的期待，这就必然要求治理实现“建构最严格的食品安全责任体系与监管体系”这一根本要求。由于人们对于食品每天的刚性需求，因此要求随时予以安全确保；由于社会转型带来的食品高恐慌与零容忍社会心态，人们也要求保障的充分性，对于政府监管和市场秩序有比其他消费品更高的安全期待与标准要求；由于食品风险典型的“民主分布”特征，任何人都无法完全豁免此种风险的侵扰，因此食品安全又成为人们要求优先实现的一种基础性价值。

（二）复杂社会与枢纽安全

中国社会也正处在一种简单社会向复杂社会（Complex Societies）转型的过程中。按照美国历史学家约瑟夫·坦特（Joseph Tainter）的观点，人类文明总是由不可分解的简单体系向可分解的复杂体系发展。社会的复杂化一般是“指一个社会的规模、其组成部分的数量和特点、其整合的特殊社会功能的多样性、其拥有的独特社会人格的数量及其多样性以及社会功能整体凝聚机制的多样性”[①]。这样的社会往往同需要处理的信息量增加相联系，信息量越大、信息种类越多，社会的复杂化程度就越强。

中国食品安全治理正面对食品产业复杂性的巨大特点，这使中国食品安全成为一种枢纽安全。按照全国人大常委会对《食品安全法》修改必要性的说明：“我国食品安全形势总体稳中向好，但影响和制约我国食品安全的深层次矛盾和问题尚未得到根本解决，食品安全形势依然严峻”，从复杂社会的观点出发，这尤其表现在：第一，从食品安全的环节看，生产环境中的重金属、工业化学品污染；生产过程的农药残留、添加剂、抗生素使用；销售过程的假冒产品；贮运服务环节的过期、污染；这是一个多重社会组织互相作用、互相影响的环节，不安全因素在每一个环节都存在。第二，从食品产业的发展来看，

① Tainter J, 1990. *The Collapse of Complex Societies*, Cambridge University Press, p. 189.

中国的食品产业布局极为不平衡，无论是食品种类和地理来源，还是不同区域农业与畜牧业生产的集约化、产业化程度，还是城乡不同的食品加工方法、饮食习惯和偏好，都有巨大的差异，可以说呈现出一种时空压缩、各种程度与规模的产业交织并存，不同的人群需要不同加以保护的特殊图景①。例如，我们现在更多关注的是消费者的食品安全，但食品产业工人，尤其是中国农村出现的新兴农业工人组织群体，他们在食品产业链条中往往处于职业暴露高风险但既有法律政策没有有效保障的环节②，这种复杂性给《食品安全法》统一治理带来极大成本。第三，中国信息高速路时代的到来虽然提高了食品风险交流的效率，但也使得信息种类、数量越加复杂，从而有效的风险评估与风险管理也需要支付出更多判断的社会成本。

在上述条件下，中国的食品安全也成为一种枢纽安全。这种安全处在多个组织、多个安全领域的交叉地带，它必然要求治理要坚持和实现"统一高效权威的监管体制"，防止由于产业链条的复杂而带来监管空隙，并强调建立"全程监管与可追溯体系"，将治理覆盖到整个食品产业，同时在这个基础上确立"地方政府负总责"与"企业第一责任人"规则，针对不同的可分解体系（政府和企业）提出有效的约束。

（三）开放社会与共建安全

复杂社会既具有很大的异质性，但往往也建立在纵向的不平等性日益消解、政府与社会严格恪守各自边界、民主的规则和组织方式健全的基础上。这根源于复杂社会中政府不具有更多的权威和专业优势，从而社会政策与法律的制定要从一种政府与国家的中心主义必然转向社会学习模式，也即政府要尊重社会，要向社会学习，充分吸收社会

① 陈锡文、邓楠：《中国食品安全战略研究》，化学工业出版社 ,2004。
② 方菁、王一洋、罗春霞：《云南省农村卫生体系应对环境所致健康问题的研究》，2014，未刊稿。

本身的诉求和信息，才能转化为国家的政策与法律[①]。可以说，现代复杂社会往往也是卡尔·波普尔所言之民主开放社会。

党的十八届三中全会提出全面深化改革的总目标之一是“推进国家治理体系与治理能力的现代化”。因此，中国处在开放社会的时代特点必然也要求食品安全治理不再是政府“一肩担尽古今愁”的单一工程，而必须将民主的诸多要素注入食品安全治理之中，从而食品安全也成为一种基于合作规制而实现的共建安全[②]。

对于中国来说，食品安全治理要采取一种合作规制的思路，还有一个重要现实原因：中国政府监管力量的普遍不足。缺乏专业的执法人员、检测和分析的设备等是困扰中国食品监管的顽疾。同时，中央与地方食品监管部门财权、事权与责任的高度不匹配也加剧了基层监管的难度。例如，国家食药总局测算，食品行业监管人员数量至少应为5万人左右，但实际目前只有1万人在岗[③]；国际食品安全协会2011年的报告发现，中国只有70个职业院校进行食品检验和相关领域的培训[④]；2013年一份报告指出中国仅有6 000余个食品检测实验室，很多关键的检测设备，例如，快速检测投入经费不足，只有条件较好地区才能充分使用[⑤]。同时，中国食品产业链条的发展不平衡，也必须使政府与社会、企业要进行合作，才能实现监管的灵敏和有效。最近刚刚发生的上海福喜公司事件，正是依靠社会媒体的暗访行动积极反馈信息给政府，才对该肉类供应商进行了有效行政处罚的典型。

正是认识到食品安全在一个开放社会只能是一种“共建安全”，必

---

① 此种公共政策范式的转变在理论上说明：Hall PA, 1993. “Policy paradigms, social learning, and the states: The case of economic policymaking in Britain”，*Comparative Politics* 25(3): pp. 275-296。

② See Baldwin R, Cave M, Lodge M (ed), 2012. *The Oxford Handbook of Regulation,* Oxford University Press.

③ Zhang L，2013. Food Safety policy in China，Report prepared for the SSRC, Working Paper, 2013.

④ Global Food Safety Forum, 2011. *The China Path to Global Food Safety*, Global Food Safety Forum paper, pp. 54-55.

⑤ Jia C, Jukes D，2013. “The national food safety control system of China-A system Review “，*Food Control* 32(1)，pp. 235-245.

须依靠政府、社会与市场合作规制才能实现治理效果，因此还必须确立“社会共治”的根本治理思路。

（四）多元社会与内生安全

风险社会与复杂社会的来临，也使现代社会越来越成为一种多元社会或必须追求多中心的治理才能有效协调不同部分的组织体。西方现代性的发展历程正说明了这样一个从管制到治理的思路。按照法国哲学家米歇尔·福柯（Michel Foucault）经典的“治理术”理论，现代国家对个人的管制不再是一种直接的人身控制，而是通过建立各种纪律和有效训练，让每一个人都成为自我规制、自我约束的主体，每一个人都将主体性与责任性相连，完成对自我的控制。面对风险，如失业、事故、饥饿、疾病，个人、家庭、社会组织应该承担起更多的责任，国家在背后给予关注，从而使现代人的自由本质上产生自我约束。福柯认为，“权力策略”与“自我技术”的结合就是现代治理的本质[①]。

英国社会学家安东尼·吉登斯（Anthony Giddens）同样从反思现代性的立场出发，认为多元社会是风险社会的必然延伸，现代的技术风险和治理风险使个人必须更加积极地面对和发挥自身的作用来防范风险，传统的国家规制与专业权威意见已经不足以应对风险，按吉登斯的话来说，现代社会的风险使得每个人必须有更多的“主体责任”和“自创人生经历”[②]。从而，我们也可以说，现代社会中的食品安全归根结底是一种内生安全，是社会成员，尤其是食品企业进行自我规制，执行特定的纪律和标准而产生的安全。

从这个观点出发，中国的食品安全治理必须建立“企业第一责任人”的根本规则，政府与社会不但要建立起合作规制，而且各种社会主体，尤其是企业必须建立起自我规制体系，这既是缓解政府治理能力不足的关键，也是食品安全的治本之策。

综上，正因为中国当代处在风险社会、复杂社会、开放社会与多

---

① See Foucault M, 1991. “Governmentality”, in Burchell G, et al. (eds.): *The Foucault Effect*, University of Chicago Press.

② Giddens A, 1991. *Modernity and Self-Identity*, Polity Press, p. 22.

元社会，因此食品安全治理必须建立起以强化严厉追责为后盾的底线安全、以设计全程监管为目标的枢纽安全、以提供社会共治为动力的共建安全和以落实企业第一责任为关键的内生安全。这就是贯穿于食品安全国家治理内在逻辑的大安全观，也是我们修改法律、检讨规制工具是否有效的顶层设计。

二、治理的新框架：基本制度及不足

(一) 完善最严格责任体系确保底线安全

现代工业国家治理食品安全的经验无不告诉我们，建立最严格的责任体系是实现底线正义关键环节。因此，新的法律花费了大量笔墨来构建一个最完善的问责体系，从目前的情况来看，这个体系着力于实现 3 个结合：

1. 民事责任、刑事责任与行政责任相结合

在民事责任上建立首负责任制，要求接到消费者赔偿请求的生产经营者应当先行赔付，不得推诿；同时完善了消费者在法定情形下可以要求惩罚性赔偿金制度；在行政责任上提高罚款的幅度，增加了人身自由的处罚；在刑事责任：分别规定生产经营者、监管人员、检验人员等主体有违法行为构成犯罪的，依法追究刑事责任。同时，也尝试建立了行政责任与刑事责任的双向转化程序。食药部门对于涉嫌犯罪的人必须经过初步证据判断后交由公安机关追究刑事责任；对于不构成犯罪的，公安机关也有义务将案件移交食品监管部门追究其行政责任。

2. 财产罚、资格罚与声誉罚相结合

法律突破了追究责任就是罚款的传统窠臼，引入了资格罚、声誉罚等多元处罚机制。例如，对因食品安全违法行为受到刑事处罚或者出具虚假检验报告受到开除处分的食品检验机构人员，规定终身禁止从事食品检验工作；又如，国家建立统一的食品企业黑名单制度，将有违反食品安全法律、法规，出现食品安全事故的企业予以统一曝光，

以求建立多元的处罚机制，从多个方面加大违法者的违法成本。

3. 企业责任、政府责任与第三方机构责任相结合

法律尤其注意加大地方政府负总责的力度。例如，完善了食品安全事故处理的基本程序，增设、细化、丰富了地方政府主要负责人应当引咎辞职的情形；设置监管"高压线"，对有瞒报、谎报重大食品安全事故等3种行为的，直接给予开除处分；对认证机构、检验机构、鉴定机构及其人员的违法行为进行处罚和追责，等等。

应该说，法律对于维护底线安全尽到了相应的努力，但目前的制度安排仍然要解决一些理论和实践上的难题，最后的法律才能达到最佳效果。

（1）处罚幅度的确定

在目前的公共讨论中，仍然有相当多的人包括人大代表认为处罚幅度过低，无论是违法生产经营的处罚幅度还是惩罚性赔偿，乃至资格禁入，都有人主张进一步提高幅度[①]，但如何确定理想的幅度，既达到治理效果，也符合宪法与行政法对于比例原则的要求，是一个需要继续思考的问题。

（2）地方政府负总责的进一步思考

对公权力部门进行问责来自英美政府管理，在英国法上，问责的根本含义并非简单地追求责任，予以制裁，更不是公共矛盾的私人转移，而是公权行使者在特定场合（forum）对行动的解释、说明与正当化，并接受特定的结果[②]。它的本质是公共理由的阐发与审查。一般而言，问责的规则体系包括：谁来问责？有法律问责、政治问责、行政问责、专业问责、公众问责；向谁问责？分为向集体问责和向个体问责；问责的内容？有财政、办事程序、办事结果3种[③]。可见，问责的体系是通过理由的说明来全面监管公共行为。但目前我国食品安全法

① 赵英颖：《重典与共治舌尖上的两道安全阀》，《人民法院报》2014年7月5日。

② See M. Bovens, Analyzing and Assessing Accountability: A Conceptual Framework, European Law Journal, Vol.13,No 4, July 2007;J. King, The Instrumental Value of Legal Accountability,2013.

③ J. King, The Instrumental Value of Legal Accountability,2013.

修改法律中的问责仅仅是一种惩罚性的行政问责，且缺乏程序设计，尤其是公众问责并没有具体制度保障。另外，问责必须建立在权责一致的情况下，如何有效保障地方政府的履责能力，也是进一步修改法律要考虑的问题。

（二）再造政府组织确保底线安全

法律第二个着力完善的治理内容就是政府组织再造。食品安全作为一种底线安全还意味着它最终需要政府发挥担保和监管的作用。这也是大陆法系国家宪法学上对于社会安全、保障与福利领域坚持辅助性原则的真切含义：个体和社会对自我负责并进行规制，但政府必须具备最终的担保和托底的作用，防止市场与社会的失灵[①]。

针对法律的缺漏，法律主要从下面 3 个方面予以完善：

1. 职权统一

由食品药品监管部门总领食品生产销售，并且与其他相关法律进行了衔接。在这个基础上尽力实现行政许可的疏密结合。监管不等于许可，但许可无疑是最严厉的一种监管，需要疏密有度，繁简适当，原来的生产经营服务许可随着事权的集中进行归类、合并，整合为一个许可，这样既符合行政许可高效便民要求，也限制了行政权本身。另外，有的地方该严则必须严，该增设许可的地方必须覆盖，否则会造成监管漏洞。例如，对于食品添加剂本次修法明显加大了监管力度，新增了食品添加剂的生产经营许可。

2. 分工协作

分工协作一方面体现在卫生、农业、质检、公安等部门在各自负责的重点范围内全方位覆盖监管环节；另一方面建立包括中央和地方政府部门之间，以及相关监管部门之间信息的交流与共享平台。

3. 力量下沉

力量下沉是体制再造的关键，法律从机构、人员、保障 3 方面予以详细规定。在机构上，突出要求建立面向基层和一线的食品监管派

---

① See Stolleis M, 2014. *History of Social Law in Germany*, Springer, p. 167.

出机构，同时规定乡镇人民政府和街道办事处在隐患排查、信息报告、协助执法等方面的重要任务；机构的下沉必然会带来执法力量的下沉，同时落实工作经费、保障执法设备设施、提高执法素质水平等监管能力建设的明确规定，建构起一个相对完善的保障体制。按照目前的研究和测算，中国基层（街道、乡村）平均需要的食品监管人员是 5 人，总数规模大约为35 970人[①]，能否确保这个数字的到位，理顺中央与地方，尤其是基层的责权关系，也将成为食品安全基层治理成败的关键。

然而，从学术研究的角度看，目前法律也没有完全实现最优良的政府再造。例如，权力衔接仍然有不顺畅的地方，尤其是食药部门与农业部门就食品与食用农产品的区分还需要进一步解释；卫生管理部门同时享有风险评估和标准制定的权力，也容易引发不公正的立场；食品生产销售服务许可合一，但具体是权力的合一还是证照的合一，究竟将来是一个行政机关可以行使相关许可权还是需要其他机关审批只是由一个机关来发证，这些都是在学理上，尤其是法律解释学上需要进一步研究的地方。

（三）完善风险交流与标准提升枢纽安全

基于复杂社会对于枢纽安全的要求，法律从风险交流与标准完善方面进行了一些基础性的工作。例如，风险交流制度的全面确立，明确了政府与社会，包括政府对食品生产经营者、行业协会、技术机构、消费者协会以及新闻媒体的信息公开与通报义务。风险监测的规范化，省一级卫生行政部门食品安全风险监测方案应当报国务院卫生行政部门备案。监测计划调整，法律进一步明确了应该进行风险评估的 6 种情况。在标准制度完善方面，法律提出要对国家标准实行整合；标准的制定过程必须向社会公开征求意见；在规制地方标准方面，明确了地方标准只是对国家标准没有明确规定时的一种补充，仅仅具有临时性，同时，制定后必须向国家备案。同时也明确规定了标准执行的跟踪评价制度。

---

① 《中国统计年鉴》2012 年。

然而，复杂社会的原理会对风险交流提出更高的要求，目前法律的规定仍然稍显粗陋。根据卡斯帕森的研究，公众参与是风险交流的前提，但复杂社会里不同的社会组织利用、分析信息的能力是不同的，政府部门如何有效调动那些能力较低的社会组织的积极性，例如，农村的风险交流如何开展，法律还需要进一步细化；同时，风险交流与风险管理需要取得平衡，尤其是需要在向社会立即告知风险的迫切性和对风险进行全面科学分析所需时间之间的权衡如何通过规则来设计[①]，既确保交流的及时，又不至于引起社会恐慌并保护相关企业的权益，这也是法律应该进一步思考细化的地方。

（四）建立全过程监管实现枢纽安全

对于全过程监管以确保复杂社会的食品安全不留监管死角，法律也设计了相当多新的规制工具。例如，着重应急能力提升，细化了食品安全事故应急预案应当对食品安全事故分级、事故处置组织指挥体系与职责、预防预警机制、处置程序、应急保障措施等做出规定。明确风险分级管理，县级以上人民政府食品药品监督管理、质量监督部门根据食品安全风险监测、风险评估结果和食品安全状况等实施风险分级管理。这是对于传统粗放型和应付型的风险监测很好的改良与提升，同时也必将促进风险评估、管理和交流的联动效果。

全过程监管在法律中的另一个特色就是广泛使用通过私法的治理来达到公法效果。也就是明确私人的义务并以公权力加以监督和保障也能达到规制效果[②]。例如，针对网售食品安全的监管，通过明确网络交易平台第三人的登记义务及赔偿连带责任和先行赔付技术，将政府监管的成本位移到市场主体，发挥私人的监管积极性。

同时，法律也进一步创新了政府自身的全程监管手段，例如，约谈制度，对生产经营者、专门监管部门以及下级政府，都纳入上级机关或专责机关的约谈范围，并将结果纳入食品安全信用档案或评议考

① See Kasperson J, Kasperson R, 2005. *The Social contours of Risk: Volume I:Publics, Risk Communication and the Social Amplification of Risk*, Routledge.

② 高秦伟：《私人主体的行政法义务？》，载《中国法学》2011 年第 1 期。

核报告，增强制度的实效。又如，飞行检查制度，在有各种信息表明食品生产经营过程中可能存在严重违法行为或者重大食品安全隐患的，上级人民政府食品药品监督管理部门可以对相关的食品生产经营者实施突击性现场检查。

（五）明确企业自我规制与第一责任人实现内生安全

作为多元社会的一员，没有企业的自我规制，食品安全最终也就无法成为社会肌体的内生安全。因此法律设置了大量规制要求企业进行自我约束：

1. 人力资源的优化

法律规定必须对管理技术人员进行培训、考核与监管，将自我规制与政府规制相结合；办理生产经营者的健康证，并纳入政府规制的日常检查之中。

2. 企业自控

法律规定，企业建立从原料验收、生产加工、出产贮存保管的食品安全保障体系及全过程的质量控制体系。然而，法律目前的规定还是比较原则，尤其是如何保证这种内部质量控制体系是真实的、有效的，恐怕还必须建立类似企业内部员工举报制度等机制才能奏效[①]。

3. 全程可追溯体制

法律规定企业建立食品追溯体系，保证食品可追溯。同时鼓励食品生产经营企业采用信息化手段建立食品追溯体系。保证从农田到餐桌的质量控制。建立生产企业的全过程记录，食品原料、食品添加剂、食品相关产品进货查验与出产检验记录制度。全程追溯制度对于企业最大的意义在于落实侵权责任，但追溯技术的开发、购买和使用也给企业增加了成本，并最终转化给市场并给企业规避该项法律带来了动机。因此，如何建立相应的配套制度，例如，国家的技术成本补贴或技术升级指导等，也是进一步细化法律需要考虑的重要问题。

① Balzano J，2012. ” China’s food safety law: Administrative innovation and institutional design in comparative perspective “, *Asian-Pacific Law & Policy Journal* 13(2), pp. 23-80.

4. 停止生产、经营并召回制度

法律中还设计食品不符合食品安全标准或者有证据证明可能危害人体健康的，食品生产者应当对召回的食品采取补救、无害化处理、销毁等措施，防止其再次流入市场。这里的进步在于将结果责任修改为危险责任，更进一步加大了企业的自我规制力度。

总之，现行法律的修改法律符合大安全观的治理逻辑，优化了法律制度安排的内在结构，但在若干具体制度设计上仍然有提升空间，需要进一步细化和完善。

三、一个关键逻辑的转化：社会共治的兴起

前面介绍了新法的基本框架，但在这个框架之下最大的亮点却是一个治理逻辑的转化：从国家主导转向社会共治。法律第三条明确了“社会共治”的法律原则：“食品安全工作实行预防为主、风险管理、全程控制、社会共治，建立科学、严格的监督管理制度。”本文即要在阐述其法理的基础上，通过实证分析社会共治的规范形态和在实践中呈现出来的具体样态，来展示其生命力与应对的挑战。

在食品安全领域建立起社会共治的原则，在当今社会有深刻的法理基础。

（一）规制国家的再造：从规制（regulation）到合作规制(cooperative-regulation)

20 世纪以来兴起的规制国家模式强调在尊重市场的情况下，为克服市场与社会的脱节，政府可以运用干预手段来防止负面效应。从 20 世纪 80 年代开始，政府单方面的规制手段也越来越暴露出成本过高、规制手段简单、与社会信息存在严重不对称、反应滞后等弊病。从而在公共管理和行政法学领域，所谓的合作规制模式开始兴起[①]。合作规

① Yeung K，2012. “The Regulatory State” , in Baldwin R (ed.). The Oxford Handbook of Regulation, Oxford University Press, p. 65.

制强调政府与社会互相协作，互相沟通，共同为了一个规制的目标而采取合作的手段，克服相应的规制危机。在食品安全领域，相当多的欧美国家都强调合作规制的运用，政府充分利用有效激励的措施和手段，让社会承担起诸如举报、曝光、私人之间通过合同互相惩罚等一系列任务，共同完成食品安全的监管①。尤其是在风险交流的领域，合作规制更是发挥了食品安全治理任何一个单方面主体所不能起到的作用，食品安全风险在合作的框架里更加透明、及时地予以发现并能被有效评估。

（二）行政方式的民主化浪潮：从高权行政到"私人对行政的参与"

社会共治的第三个法理基础在于行政方式的民主化浪潮，也意味着行政合法性模式的重新调整。发端于 19 世纪的行政行为合法性模式主要是一种高权行政下的"传送带"模式②。也就是行政行为之合法是因为其严格传递了立法者的意志，而立法者的意志有民主合法性作为基础，由此行政行为取得合法性，其单方意志性和公定力效果也被称为是一种高权行政。然而，20 世纪中叶以来，随着英美国家正当程序引发的权利革命和大陆法系国家行政程序法治化进程，越来越多的制度设计强调行政合法性应该建立在私人对行政的民主参与基础之上。行政行为并不能仅仅凭借立法者的选举民主就正当获得，一个政府监管行为如果没有公民的有效参与，不能在行政决策和管理中充分体现出利害关系人的相关诉求与主张，则同样也会引发所谓的合法性危机。食品安全监管中的社会共治正是这样一种合法性模式转变的反应，它对应的是现代社会参与民主的浪潮，公民只有在行政参与中才能认可行政的监管行为③。

---

① Baldwin R, Cave M, Lodge M, 2011. Understanding Regulation, Oxford University, p. 137.

② Coglianese C, Mendelson E，2012. "Meta-Regulation and Self-Regulation"，in Baldwin R. (ed.): *The Oxford Handbook of Regulation*, Oxford University Press, p. 147.

③ Hoflund A, Pautz M, 2010. "Improving food safety through self-regulation: Exploring the applicability of the hazard analysis and critical control points system to the spinach and peanut industries"，Food Studies 2(1), p. 46.

（三）中国语境

食品安全领域的社会共治原则在中国确立，除了上述基本法理的作用之外，还有中国社会实际情况所决定的特殊语境，可以说它不是一项偶然、孤立的法律原则，而由中国社会和政府转型的内在逻辑转型所决定，也必然会对中国政府治理具有重要意义：

1. 共治重塑有限政府

社会共治实际上就是重新划定政府边界，强化有限政府的制度设计。正因为食品安全监管不再仅仅是传统的政府监管权力，而是通过立法赋予公民、社会组织等知情权、参与权约束政府权力，所以实际上这个过程也就是在政府、社会与个人之间重新划定了任务和权力的边界，尤其是明确了政府权力清单，让社会和公民个人分享了更多的国家权力，我们也可以说这是一个“国家权力社会化的过程”，也是以政府为代表的国家权力自我限制、自我约束的过程。

2. 共治重塑掌舵型政府

社会共治原则在中国明确下来还有一个非常重要的因素，就是节省政府在食品安全治理中的公共成本。从实际情况来看，目前中国大约有 27 万食品生产者，811 万食品经营者和 263 万餐饮服务提供者，还有大量小商小贩由于不需要执照而无法精确统计其数量①。因此中国食品监管部门面对的是数以千万计的庞大监管对象，这需要大量的人、财、物投入。若果政府仍然坚持一种传统的划桨型政府，将一切具体的监管任务都集于一身，势必难以承受这种公共开支。由此，中国政府必须从划桨型向掌舵型转变，强调宏观管理与微观执法相结合，充分发挥社会本身的监管潜力，共同制定规则、防范风险、实施制裁②。例如，新法规定的食品检测机构社会化就是一个典型表现。政府将一部分检测的行政确认权力交给社会第三方组织来执行，既有效节省了

① 根据国家食药总局 2014 年的内部统计，中国目前登记在册的食品生产企业是 17 万家，食品经营企业有 263 万家，餐饮服务企业达到 811 万家，而在编的食品监管执法力量约为 9 万余人。

② Baldwin R, Cave M, Lodge M, 2011. *Understanding Regulation*, Oxford University Press, p. 142.

政府的成本，也充分发挥了社会组织的专业技术优势，正是一举两得的体现。

3. 共治重塑规制政府

社会共治还有利于中国政府创新食品安全规制的手段，例如，法律中规定的行业协会制定行业规范和奖惩机制，以及个人举报制度，这些在某种意义上都延伸了政府的规制能力，并协助政府做出正确的规制决定，创造更丰富的、突破以事后处罚或制裁为手段的规制形式。将规制、自我规制相结合，制裁与激励相结合，财产罚与社会信用处罚等多元处罚手段相结合，从而真正提升政府的规制绩效。

4. 共治重塑智慧政府

社会共治在今天中国社会还面临着信息技术和平台经济等新业态的社会土壤。因此，共治可以进一步促进信息在政府与社会之间的沟通、交流，从而在标准制定、风险预防等方面有更多的优势；它也迫使政府必须学会更加智慧的治理方式，要与社会合作，更广泛利用大数据、云计算，学会利用平台经济自身的特点来对食品产业新业态加以调控，打造一个智慧政府。

5. 共治重塑合作型政府

社会共治原则的确立还有助于重塑合作型政府。对于合作型政府来说，他特别强调与社会主体进行合作共同监管食品安全状态，维护基本的公共秩序[①]。例如，新法规定的集中交易市场的开办者、网络交易第三方平台利用合同规制食品生产经营者，就是典型的政府监管部门与平台商合作，通过同时运用行政管理与民事合同的方式来共同监管食品生产经营者。

6. 共治重塑责任政府

社会共治在中国语境中最后一个重要意义就在于它起到倒逼政府监管中改善懒政惰政的行为。因为社会共治赋予了社会主体更多的积极性和主动性，也就必然要求政府要有更多的积极回应性和配合性，

① Balzano J, 2012."China's food safety law: Administrative innovation and institutional design in comparative perspective", *Asian-Pacific law & Policy Journal* 13(2).

例如，新的法律规定的举报、信息沟通、传媒监督等都将倒逼政府监管部门面对公众诉求或特定利害关系人的请求，更加积极有为履行监管职能，实现“回应型的责任政府”[①]。

（四）制度类型

前面从理论层面分析了食品安全法明确社会共治的基本法理和重大意义，接下来我们就要运用类型化的方法，具体对新的法律里蕴含的社会共治规则进行实证分析，将这些散落在法律中的各个规范进行类型化处理，凸显出社会共治的法律规范形态。我们可以把社会共治规范分为 6 种类型。

1. 自我规制型

所谓自我规制，可以从不同角度来理解其本质，例如，从国家与私人部门之间的关系看“私人主体运用设定标准独立运转于政府的监管之外”[②]；从私人部门与其成员或自身关系看，也就是“私人主体通过一定的手段控制其自身或它的成员”[③]；从规制的手段看，也指“私人部门之间通过合作共同制定行业准则以统一服从”[④]。大体而言，自我规制有如下特征：第一，它是通过企业或行业组织自行设定标准或工作流程、程序（包括惩罚机制）来进行自我约束与监督，而非直接受到政府某种命令的干预。第二，这种标准或工作流程的内容虽然由私人部门自我设定，但其设立依据往往来自法律的要求，且其执行必须接受政府的严密监管，政府成为一种托底的力量[⑤]。

自我规制的广泛运用，主要有两个重要的正当性支撑：专业性与

---

① Baldwin R, Cave M, Lodge M, 2011. *Understanding Regulation*, Oxford University Press, pp. 139–142.

② Yeung K, 2012. “The Regulatory State”, in Baldwin R (ed.): *The Oxford Handbook of Regulation*, Oxford University Press, p. 65.

③ Yeung K, 2012. “The Regulatory State”, in Baldwin R (ed.): *The Oxford Handbook of Regulation*, Oxford University Press, pp. 66–67.

④ Baldwin R, Cave M, Lodge M, 2011. *Understanding Regulation*, Oxford University Press, p. 137.

⑤ Coglianese C, Mendelson E，2012. “Meta-Regulation and Self-Regulation”, in Baldwin R. (ed.): The Oxford Handbook of Regulation, Oxford University Press, p. 147.

效率[①]。工业文明、信息文明时代的风险社会到来，有一个显著的特点就是风险本身正是工业文明的技术和观念革新的产物，甚至是为了规制风险而产生的新风险（如为减少病虫害使用农药而造成的食品源头污染），因此对风险的规制和预防必然要建立在不同专业技术和专业知识的运用之上，依靠政府的理性和能力远远无法应对这种复杂、多元的技术性要求。从效率性来看，现代政府的公共开支，包括人员经费等普遍受到议会民主的控制，自我规制有利于节省政府开支，且自我规制非国家强制的手段也较之传统官僚制更为灵活。

在《食品安全法》里，自我规制型的社会主体参与治理主要体现为第9条：行业协会应当加强行业自律，按照章程建立健全行业规范和奖惩机制；服务、引导行业协会、食品生产经营者制定章程；建立规范；发布信息。在该条中行业协会可以通过自我建立纪律和章程来约束行业协会成员，起到次一级政府的作用，但比政府更加灵活和专业。

2. 通过合同的治理型

（1）行业协会与企业的合作规制

合作规制是自我规制的一种特殊类型，它既可以指企业与政府部门共同制定、执行标准等形式，从而是一种政府与企业的合作治理，也可以是行业组织与本行业中的企业进行合作治理。法律也设计了相关制度，例如，法律规定：食品行业协会应当加强行业自律，依照章程建立健全行业规范和内部奖惩机制，提供食品安全信息、技术等服务；同时也规定：食品生产企业可以自行对所生产的食品进行检验，也可以委托符合本法规定的食品检验机构进行检验。

（2）通过合同的自我规制

通过合同的自我规制，也可以说是一种“通过司法手段的治理”，也就是通过运用合同的手段，要求平等主体之间强制性地约定确保食品安全的特殊义务和责任条款，通过执行合同、惩罚违约者来实现企业的自我规制，这是一种现代社会相当值得重视的自我规制思路，它

① Baldwin R, Cave M, Lodge M, 2011. Understanding Regulation, Oxford University Press, pp. 138.

的优势在于：首先，减轻了政府的治理成本，避免政府对市场主体的直接干预；其次，形成了一种“聚合责任”，从合同的缔结到履行以及违约，建立起不同类型的责任，并非仅仅聚焦于违约，而是将防患于未然与惩罚于之后相结合。

在法律中也设计了3种典型的通过合同的自我规制：

①对集中交易市场开办者等的规制。法律规定，集中交易市场的开办者、柜台出租者和展销会举办者，应当审查入场食品经营者的许可证，明确其食品安全管理责任，定期对其经营环境和条件进行检查，发现其有违反本法规定行为的，应当及时制止并立即报告所在地县级人民政府食品药品监督管理部门。

集中交易市场的开办者、柜台出租者和展销会举办者未履行前款规定义务，本市场发生食品安全事故的，应当与食品经营者承担连带责任。

②对网络食品交易第三方平台的规制。法律要求第三方平台有3项合同义务：登记，应当对入网食品经营者进行实名登记，明确其食品安全管理责任；依法应当取得食品生产经营许可证的，还应当审查其许可证。检查，网络食品交易第三方平台提供者发现入网食品经营者有违反本法规定行为的，应当及时制止并立即报告所在地县级人民政府食品药品监督管理部门；发现严重违法行为的，应当立即停止提供网络交易平台服务。赔偿责任，又可分为连带责任和独立责任两种类型：消费者通过网络食品交易第三方平台购买食品，其合法权益受到损害的，可以向入网食品经营者或者食品生产者要求赔偿。网络食品交易第三方平台提供者不能提供入网食品经营者的真实名称、地址和有效联系方式的，由网络食品交易第三方平台提供者赔偿。

③对食品广告商的规制。法律规定，食品广告的内容应当真实合法，不得含有虚假的内容，不得涉及疾病预防、治疗功能。食品生产经营者对食品广告内容的真实性、合法性负责。广告经营者、发布者设计、制作、发布虚假食品广告，使消费者的合法权益受到损害的，应当与食品生产经营者承担连带责任。

3. 公共领域监督型

公共领域（public sphere）是德国哲学家哈贝马斯的重要概念，其意义是指介于国家和市民社会之间的第三领域，主要由追求、确认公共利益的社会组织和主体所构成。在新的《食品安全法》里，这也是一个重要的社会共治的领域，具体的实证分析如下：

（1）媒体监督

新闻媒体应当开展食品安全法律、法规以及食品安全标准和知识的公益宣传，并对食品安全违法行为进行舆论监督。有关食品安全的宣传报道应当真实、公正。媒体的有效监督是公共领域监督、社会参与食品安全治理最重要的形式。

（2）公民举报

任何组织或者个人有权举报食品安全违法行为，依法向有关部门了解食品安全信息，对食品安全监督管理工作提出意见和建议。县级以上人民政府食品药品监督管理、质量监督等部门应当公布本部门的电子邮件地址或者电话，接受咨询、投诉、举报。接到咨询、投诉、举报，对属于本部门职责的，应当受理并在法定期限内及时答复、核实、处理；对不属于本部门职责的，应当移交有权处理的部门并书面通知咨询、投诉、举报人。有权处理的部门应当在法定期限内及时处理，不得推诿。对查证属实的举报，给予举报人奖励。

4. 国家引导型

（1）行政指导

国家鼓励和支持开展与食品安全有关的基础研究、应用研究，鼓励和支持食品生产经营者为提高食品安全水平采用先进技术和先进管理规范，从企业成本考虑，用的是鼓励方式。

（2）行政奖励

对在食品安全工作中做出突出贡献的单位和个人，按照国家有关规定给予表彰、奖励。这是改变行政机关单方面以处罚为后盾的监管方式的重要思路，积极引入激励机制，有利于社会主体更广泛、自觉地参加治理。在《食品安全法实施条例》修改中，将会引入更加全面的行政奖励制度。

（3）食品安全责任保险制度

国家鼓励食品生产经营企业参加食品安全责任保险。社会共治还表现在现代侵权责任法的理念：由全体社会成员来共同、公平承担食品安全事故等风险，将救济作为侵权责任法的重要价值目标加以明确。只有社会建立起风险共担的机制，才能最有效、充分地救济每一个受害者。

5. 第三方独立判断

食品生产企业可以自行对所生产的食品进行检验，也可以委托符合本法规定的食品检验机构进行检验。委托第三方进行检验是化解舆论危机、提高企业公信力很重要的举措，同时也是国家权力社会化的重要表现。

6. 国家与社会互动型

新的食品安全法为了促进社会共治的前提：充分透明、自由的信息交流，设计了大量的信息互动规范，可以归结为如下基本类型：

（1）国家主导发布

国家建立统一的食品安全信息平台，实行食品安全信息统一公布制度。国家食品安全总体情况、食品安全风险警示信息、重大食品安全事故及其调查处理信息和国务院确定需要统一公布的其他信息由国务院食品药品监督管理部门统一公布。食品安全风险警示信息和重大食品安全事故及其调查处理信息的影响限于特定区域的，也可以由有关省、自治区、直辖市人民政府食品药品监督管理部门公布。未经授权不得发布上述信息。县级以上人民政府食品药品监督管理、质量监督、农业行政部门依据各自职责公布食品安全日常监督管理信息。公布食品安全信息，应当做到准确、及时，并进行必要的解释说明，避免误导消费者和社会舆论。

（2）信息共享

县级以上地方人民政府食品药品监督管理、卫生行政、质量监督、农业行政部门获知本法规定需要统一公布的信息，应当向上级主管部门报告，由上级主管部门立即报告国务院食品药品监督管理部门；必要时，可以直接向国务院食品药品监督管理部门报告。县级以上人民政府食品药品监督管理、卫生行政、质量监督、农业行政部门应当相互通报获知的食品安全信息。

（3）公众自由发布

任何单位和个人不得编造、散布虚假食品安全信息。县级以上人民政府食品药品监督管理部门发现可能误导消费者和社会舆论的食品安全信息，应当立即组织有关部门、专业机构、相关食品生产经营者等进行核实、分析，并及时公布结果。

（五）对社会共治立法的简评

前面运用规范实证分析的方法，将新的食品安全法社会共治的规范类型化为6种，并对其规范内容进行了分析与说明。在本部分，我们最后简要评价目前的立法：

1. 规范结构不完整

目前的立法，很多规范结果是不完整的。从法学的原理来看，只有完整的规范结构才能最大程度地发挥规范的作用和效力。一个完整的规范应该包括行为模式和法律后果两个部分，前者规定行为主体应该如何行为，后者规定按照特定行为模式指引将产生的具体法律结果为何。但是，目前关于社会共治的规范很多规范结构都不完整，尤其是很多缺乏义务和责任的规定，也就是法律后果缺失，这样将导致规范实际上起不到指引的作用。

2. 权利义务责任失衡

很多条文仅仅做了赋权规定，但缺乏义务和责任的规定，有的主体则被赋予了很多义务和责任，但没有任何权利性的保障，例如，网络平台商，法律规定其有查验、登记、检查、处罚、承担连带民事责任等多重义务，但对于它的权利则缺乏相应规定。

3. 程序性、操作性规则缺少

很多条文仅仅规定了社会共治的原则，但缺乏程序性、操作性具体规则的规定，不利于实操，仍然需要下位法具体化。

四、通过法律的治理：目标与局限

（一）治理目标

修改后的法律要达到怎样的价值目标才符合食品安全治理的根本要求呢？在大安全观的整体理论框架之下，我们可以提炼出法律追求的价值目标[①]：

1. 治理授权的合法性

安全状态的实现首先必须建立在合法性基础上，必须符合“法律保留”和人权保障的要求，这正是大安全观需要法治框架保证的根本原因。法律必须确保无论是政府负责还是企业自我规制，抑或社会共治，都必须有足够的授权，有明确的法律程序予以确保，尤其是人力、物力和财力，应该通过法律的明确规定达到一个充足的状态，如此才能在法律实施过程中防止权责不匹配或越权行为。党的十八届三中全会提出“法治国家、法治政府、法治社会一体建设”也正是强调任何一个层次的行为都必须有法律的明确授权，不能逾越法律的界限。

2. 治理过程的透明性

追求食品安全的过程中必须始终保证透明度。无论是政府行为，还是企业行为，都应该建立足够详细、具体的公开程序，确保执法行为和企业行为能否时刻接受公众的监督，近期发生的“福喜事件”正是企业内部信息与外部信息高度不对称的结果，法律应该更加细化企业自我规制过程中的透明度建设，包括原料采集、加工、制作、贮运、检验，都应该有更加公开、透明的渠道接受公众和市场的查阅。

3. 治理结果的负责性

安全状态的被打破必须建立可问责、可追责的有效机制。法律最

---

① 这些指标的设计参考吸收了包括：Baldwin R, Cave M, Lodge M, 2012. *Understanding Regulation*, Oxford University Press, p27; Broughton EI, Walker DG, 2010. “Policies and practices for aquaculture food safety in China”, *Food Policy* 35(5), pp. 471-478。

终应该建立一个宽严适度、覆盖全面、手段多样的负责任体系。要使企业责任、政府责任和社会责任都能够被法律所覆盖，防止过分强调某一个主体的责任而造成失衡。

4. 治理结构的融贯性

大安全观内部的各种安全需求必须通过法律实现良好的协调，实现彼此配合、融贯。因此，良好的法律治理还必须实现治理结构内部价值和规范的融贯。食品安全处理的是复杂社会的复杂利益关系，因此很容易发生不同安全观之间的利益冲突。例如，之前的国务院送审稿第106条规定，任何单位和个人发布可能对社会或者食品产业造成重大影响的食品安全信息，应当事先向食品生产经营企业、行业协会、科研机构、食品安全部门核实，并强调任何单位和个人不得发布未经核实的食品安全信息。该规定背后的价值理念仍然是一种简单社会背景下的国家主义和底线安全，与法律同时要求的社会共治、共建安全理念明显冲突，引起整个法律规范体系的不融贯[①]，目前的法律就对该条进行了实质性修改，弥合了国家主义与社会共治，底线安全与共建安全之间的张力[②]。

5. 治理手段的多元性

实现不同的安全诉求需要不同的治理手段，因此法律治理必须始终保持类型化思考，保证治理手段的多元性，激励与处罚、事前许可与事后监管、多元的处罚手段应该综合使用，防止一刀切和简单化处理，法律的制度设计应该最终呈现出组合拳的效应。

（二）治理局限

然而，在大安全观的整体思路下，我们也要看到通过法律实现治理面临的局限，从而只有坚持多手段协同治理的思路，才能最终实现治理的有效，我们可以在理论上归结为如下3个方面：

---

① 对该条的批评、检讨见FORHEAD：《食品安全在中国：问题、管理和研究概况》，2014年，网络访问：www.forhead.org。

② 目前法律第121条表述为：任何单位和个人不得编造、散布虚假食品安全信息。

1. 利益博弈的复杂

复杂社会按照福柯的思路就是权力和影响力的非中心化、弥散化，因此立法的过程充满着复杂的利益博弈，更有可能发生公共选择理论观察到的立法俘获现象。在食品安全法修改过程中同样存在着不同监管部门之间、中央和地方之间、社会不同利益群体之间复杂的利益博弈，这些都使得法律的修改充满了不确定性[①]。从而，我们需要重视法律之外的其他动力机制，例如，民主政治的充分监督作用，来克服立法俘获。

2. 立法技术的有限

通过法律的治理往往预设了完美的立法文本，但立法本身在技术上是有重大局限的。这不仅仅包括法律规范本身不可能高度精确，充满解释的空间，也包括法律对于未来生活的预期和对复杂社会概括的能力都存在局限，食品安全法的修改同样也面临这样的考验。从而，还需要积极吸收社会信息与社会经验，充分重视社会本身的发展变化来完善法律表述和理解。

3. 食品安全问题的综合

食品安全立法超越了传统公私法划分的体系，是典型的问题导向、特定领域立法。因此，这种法律必须有效动用、协调、处理包括民法、刑法、行政法在内的诸多制度，而且还必须借助食品科学、环境科学、经济学等大量知识作为法律确定权责义务的前提，这使法律本身的知识局限大为暴露，这必须要求法律治理纳入综合治理的思路，借助其他学科的知识充分进行前提论证。

① 一个简单的例子，目前法律规定保健品食品实行审批制和有条件备案制相结合。其本意是进一步放松规制，开放市场，但该条规定目前引起已获得审批的保健品生产单位极大不满，他们认为这种降低门槛的行为将导致更多的人进入该市场，并且也使得自身的投入无效。广东已经有几十余家企业游说全国人大代表废止该条文。参见张亮：《审批制存废再起争议 保健品企业欲上书反对备案制》，《中国经营报》2014 年 5 月 31 日。

五、结论：食品大安全观与国家治理法治化

本文从法律社会学的理论框架入手，通过分析食品安全问题在中国社会的特殊表现，提炼出底线安全、枢纽安全、共建安全、内生安全的食品大安全观作为检讨中国食品安全法律治理的基本框架。并在这个框架下讨论了法律修改后的基本框架，并重点对社会共治的逻辑和制度设计进行了介绍。

更进一步说，这个大安全观是对国家治理在食品安全领域的回应，国家治理体系与治理能力的现代化也必须有效回应大安全观提出的价值目标，将治理实践积极纳入法治的基本框架，通过法治思维与法治方式规范、引导治理行为，才能实现安全、治理与法治的彼此协调，才能确保“中国人民舌尖上的安全”，满足民生的刚性需求。

《农产品质量安全法》评述

孙娟娟 *

摘要： 中国食品安全监管的一个特点是食用农产品和其他食品的分类监管，其中，《农产品质量安全法》便是针对前者的单行立法。随着《食品安全法》的制定和修订，一个法律层面的变化便是由新制定的《食品安全法》加强了对食用农产品入市销售和农业投入品的监管，但食用农产品在生产环节的安全监管依旧是《农产品质量安全法》的规范范围。此外，该法律一是不仅针对食用农产品，而且也针对其他非食用农产品；二是既关乎安全要求，也关涉质量提升。因此，在食品安全监管从严和消费者需求日益多元化的背景下，《农产品质量安全法》进入了修订环节。对此，本文通过对《农产品质量安全法》的立法初衷、制度安排及修订趋势的阐述，在评述该法律的同时也介绍了中国针对食品安全的立法新动向。

关键词： 食品安全；食用农产品；农业环境

Abstract: one of characteristics in food safety regulation in China is to regulate agro-food by separating it from other kinds of food. In this regard, A Law on Quality and Safety of Agricultural Products is provided for official control. With the enactment and revision of Food Safety Law, one change in the legislative arrangement is to extend the

* 中国人民大学食品安全治理协同创新中心。

scope of this new law to cover the marketing of argo-food and the use of agricultural inputs. Meanwhile, the safety regulation at the stage of primary production of agro-food is still subjected to the Law on Quality and Safety of Agricultural Products. Besides, it is important to note that this law refers to both agro-food and agricultural products for non-human consumption on the one side, and provides rules for both safety assurance and quality promotion. As a result, in the context of intensified official control for safe food and diversified consumers' needs, the revision of the Law on Quality and Safety of Agricultural Products has been initiated. In view of this, the introduction of the purpose for such legislation, and its institutional arrangement as well as the tendency during the revision can contribute to better understanding the current specialty in Chinese food safety regulation in general and regulation of agro-food in particular.

Key Words: food safety, agro-food, agro-environment

随着《食品安全法》的修订，以分段监管为特色的中国食品安全监督管理体系在一定程度上实现了整合。这表现为：一是 2013 年国务院机构改革所确立的食品安全监督管理体系得到了这一基本法的确认，即通过组建国家食品药品监督管理总局对生产、流通和消费环节的食品安全实施统一的监督管理[①]。二是鉴于食品安全管理链条长、环节多的特点，确立了全程控制的法律原则以及从农场到餐桌的全过程管理制度，如在食用农产品管理方面，明确食用农产品的市场销售适用《食品安全法》，增加对食用农产品市场销售在索证索票、进货查验等方面的规定[②]。三是《食品安全法》不仅直接对食用农产品的市场销售和标

① 根据国务院总理李克强提请第十三届全国人民代表大会第一次会议审议的国务院机构改革方案的议案，本文涉及的国家食品药品监督管理总局和农业部都会有所调整，即 2018 年 3 月后，针对食品安全的监管工作将会出现新的格局。

② 袁杰、徐景和：《〈中华人民共和国食品安全法〉释义》，中国民主法制出版社，2015 年，第 35-36 页。

准制定做出规范性要求，同时也通过对农业投入品的规定加强食品安全保障的源头治理，包括对农药使用的严格管理要求和禁止剧毒、高毒农药在蔬菜、瓜果等农作物中的使用。

在上述背景之下，针对“农场到餐桌”的监督管理制度一方面在标准制定、信息发布方面实现了统一，另一方面在市场监管方面实现了产地准出和市场准入的衔接。然而，《食品安全法》依旧保留了对食用农产品的例外规定，即食用农产品的质量安全管理遵守《农产品质量安全法》的规定使得食用农产品的监管不仅要落实《食品安全法》所规定的保障安全性的相关制度，如食品安全标准制度，也要继续执行《农产品质量安全法》所确立的意在突出农产品不同于工业产品[①]特点的相关制度，如产地管理制度、农业投入品管理制度等。然而，相较于2009年制定的且已于2015年经过修订的《食品安全法》，制定于2006年的《农产品质量安全法》存在着立法水平相对滞后的问题[②]，包括与其配套的法律法规尚未完全建立以及其自身与后续立法的衔接，而这主要就是指《食品安全法》。

有鉴于此，《农产品质量安全法》的修订工作已经启动，意在针对新的形势进一步充实、完善和细化现有的法律规定[③]。基于笔者参与《农产品质量安全法》的修订经历[④]，本章有关《农产品质量安全法》的评述将进一步通过以下3个方面加以论述，第一，《农产品质量安全法》的立法背景；第二，针对食用农产品安全监管的制度安排；第三，目前的修订进展及涉及的重点和难点问题。

---

① 彭东昱：《实现“从农场到餐桌”的全程监控》，载《中国人大》2006年5月10日，第28页。

② 王辉：《关于我国农产品质量安全法律体系完善的思考》，载《现代国企研究》2015年第6期，第153页。

③ 农业部：《农业部办公厅关于征集〈农产品质量安全法〉修改意见的函》，农办质函〔2014〕93号，2014年11月28日。

④ 中国农业科学院农业质量标准与检测技术研究所委托课题《〈农产品质量安全法〉修订——域外经验》。

一、《农产品质量安全法》的制定背景

在资源有限和人口众多的挑战下，食物的数量安全一直是中国农业生产的首要目标。在这个方面，改革开放中“包产到户”的创举为实现粮食安全打开了突破口[①]。随之而来的成果就是农产品数量的大幅度增长，而这对全国人民解决温饱问题起到了决定性的作用。在此基础上，我国对农业的发展转入了数量与质量并重的新阶段，即在继续重视产品数量的基础上，发展优质高效的农业[②]。对此，农业部从2001年开始启动了“无公害食品行动计划”，其目的在于全面推进农产品质量安全监管的各项工作，包括强化农产品质量安全保障体系建设和突出农产品产地环境、生产过程、投入品监管、质量追溯和市场准入等重点监管环节[③]。在上述工作的推进中，法制方面存在以下几个问题。

第一，作为规范农业生产的主要法律，《农业法》的主要目标是促进农业的稳定发展，增加农产品的有效供给。该法律对于农业投入品和产地环境的规定也有利于农产品质量安全的保障。例如，在农业投入品方面，各级人民政府和农业生产经营组织应当建立和健全农药、兽药、农业机械等可能危害人畜安全的农业生产资料的安全使用制度，教育农业劳动者安全生产；在产地环境，农业生产经营组织和农业劳动者应当保养土地，合理使用化肥、农药，增加使用有机肥料，防止土地的污染、破坏和土地衰退。然而，这些规定以促进产量为目的，内容过于原则而缺乏实践性。

第二，随着食品安全问题的发生和公众对于食品安全的关注，1993年制定《产品质量法》和1995年制定的《食品卫生法》都为食品安全保障工作奠定了法律基础。然而，问题一是《产品质量法》的

---

① 唐正芒：《新中国粮食工作六十年》，湘潭大学出版社，2009，第555页。

② 国务院：《国务院关于发展高产优质高效农业的决定》（国发〔1992〕56号），1992年。

③ 彭东昱：《实现“从农场到餐桌”的全程监控——〈中华人民共和国农产品质量安全法〉简介》，载《中国人大》2006年第9期，第28页。

范围仅仅限于经过加工、制作，用于销售的产品，而农产品并不在这范围内。问题二是《食品卫生法》虽然要求境内从事食品生产经营的都必须遵守这一法律，但其对生产经营的定义却排除了种植业和养殖业的环节，换而言之，食用农产品并不属于该法律的规范范围。正因为如此，与其他环节的食品安全监管相比，初级生产环节的农产品安全监管缺乏相应的法制基础。

第三，在上述法律空白的背景下，农产品的安全问题却接二连三地发生。而鉴于我国的农业生产方式和饮食习惯，农产品质量安全的监管面临着艰巨的挑战：一是农业生产中同样具有的“小、散、乱”等规模问题，缺乏适用现代化标准和生产方式的条件；二是我国饮食习惯中 90% 以上的食物是鲜活农产品或农产品直接加工品，进而加大了监管的工作量和难度①。因此，加快农产品质量安全的立法和健全农产品质量安全法制成为共识，并由农业部通过立法调研和起草法案负责这一法制工作②。

综上，于 2006 年 4 月 29 日通过且已于当年 11 月 1 日起实施的《农产品质量安全法》规定该法制定的目的在于保障农产品质量安全，维护公众健康，促进农业和农村经济发展。为此，其确立了农产品质量安全标准、产地管理、农业投入品许可和安全使用、农产品标识、农产品监督检查等制度。在此基础上，《农药管理条例》《兽药管理条例》等行政法规和农业部制定的《农产品产地安全管理办法》《农产品包装和标识管理办法》等行政规章进一步完善了以《农产品质量安全法》为核心的意在保障农产品质量安全的法律体系。

二、《农产品质量安全法》的制度安排

在从农场到餐桌的食品供应全程中，农业初级生产的重要性在于

① 金发忠：《基于我国农产品客观特性的质量安全问题思考》，载《农产品质量与安全》2015 年第 3 期，第 6 页。

② 金发忠：《关于农产品质量安全立法的几点建议》，载《农业质量标准》2003 年第 6 期，第 8 页。

源头治理，因为农产品不仅可以直接用于食用，还是其他食品制造业和食品贸易的重要原材料。此外，农业与环境的关联性也是这一源头治理的特殊性所在。对于农业生产而言，对环境要素的依赖不同于产业、商业，这不仅增加了农业生产环节中防控食品风险的难度，也使其对环境的不利影响会加剧农产品的安全与质量问题。因此，在制度构建方面，农产品质量安全的保障既有可以适用于全程食品供应链的制度建设，也有能够凸显其特点的制度建设。

（一）生产主体的分类管理

我国农业生产的一个特点就是以一家一户的小规模生产模式且数量众多。尽管规模农业是农业现代化的发展目标，但上述特点依旧没有改变[①]。有鉴于此，《农产品质量安全法》在制定期间就提出了对生产单位和个体农民的分类监管，即对生产者的监管基于规模差异在监管重点和尺度上有所区别，如对生产单位从严要求，对个体农民以指导、引导为主[②]。相应地，《农产品质量安全法》在相关制度的安排中，诸多义务的设定主体都是以规模化的生产单位为主。正因为如此，是否所有的农产品生产者都承担法律要求的安全保障义务需要具体制度具体分析。举例来说，在农业投入品使用方面，所有的农业生产者都应当按照法定要求合理使用农业投入品。在农产品生产记录方面，农产品生产企业和农民专业合作社有如实记载法定要求内容的义务，其他的农产品生产者则是被鼓励落实这一行为。在农产品检测方面，农产品生产企业和农民专业合作经济组织应当自行或者委托检测机构对农产品质量安全状况进行检测；经检测不符合农产品质量安全标准的农产品，不得销售。

---

① 金发忠：《基于我国农产品客观特性的质量安全问题思考》，载《农产品质量与安全》2015 年第 3 期，第 8 页。

② 金发忠：《关于农产品质量安全立法的几点建议》，载《农业质量标准》2003 年第 6 期，第 9 页。

（二）风险监测和风险评估制度

食品安全保障的挑战在于防控高度技术性的健康风险及其危害。对此，科学评估已经成为管理食品安全风险的前提。在这个方面，风险分析体系的发展就是为了通过结构化的决策体系，借助风险评估和风险交流，保障食品安全风险管理的科学性和民主性。有鉴于此，制定于2006年《农产品质量安全法》通过风险评估制度的引入奠定了农产品安全保障的科学基础。相应的，农业部在执行该法律时于2007年组建了第一届国家农产品质量安全风险评估专家委员会。根据《国家农产品质量安全风险评估专家委员会章程》，该委员会主要承担的工作包括研究提出国家农产品质量安全风险评估的政策建议、规划和计划建议，组织拟订农产品质量安全风险评估准则、指南等规范性技术文件，组织开展农产品质量安全风险交流与国际合作等。就具体实践而言，当农产品质量安全标准作为强制性的技术规范为生产者的合规行为和主管部门的监督检查提供法律依据时，标准的制定主体应当充分考虑风险评估的结果。

（三）产地环境

产地环境的安全管理一方面需要注重农业环境污染防治，构建“环境友好型”的可持续农业。在这个方面，一是要应对不断加剧的外源性污染，二是通过对农业投入品的管理，预防恶化农业环境的内源性污染；另一方面，通过对农业资源的保护和合理利用实现“资源节约型”的可持续发展。对此，《农产品质量安全法》的一个重要制度安排就是根据农产品品种特性和生产区域的有害物质状况划分农产品禁止生产区。但需要指出的是，禁止生产区的划定并不是农地的退出机制。换而言之，划定后的禁止生产区不得改变耕地、基本农田的性质。而且，该制度的重点在于对被划为禁止生产区的修复，即通过环境污染的治理使其可以再次投入农业生产中。此外，鉴于该法律既涉及食用农产品，也关乎非食用农产品，因此，在禁止生产区划定的过程中，需要考虑禁止用于食用农产品和可用于非食用农产品的区别，而这与该制度的设计初衷相一致，即根据不同农产品品种特性将产地分为适宜农产品生产区、限制农产品生产区和禁止农产品生产区[①]。此外，第二个重要的制度是产地保护制度，而主要是针对产地污染防治的工作。例如，针对外源性污染，禁止任何单位和个人向农产品产地排放或者倾倒废气、废水、固体废物或者其他有毒有害物质。针对内源性污染，农产品生产者应当及时清除、回收农用薄膜、农业投入品包装物等，防止污染农产品产地环境。

（四）农业投入品

作为重要的生产资料，农业投入品是指在农产品生产过程中使用或添加的物质。包括种子、种苗、肥料、农药、兽药、饲料及饲料添加剂等农用生产资料产品和农膜、农机、农业工程设施设备等农用工程物资产品。对农业生产而言，农药、兽药、饲料和饲料添加剂、肥料乃至农膜等化工产品一方面是重要的生产资料，对动植物的生长和保健起着必不可少的作用，另一方面，不合理使用这些农业投入品不仅给环境造成负面性的影响，而且也对农产品的安全和质量构成严重的威胁。因此，《农产品质量安全法》首先规定对可能影响农产品质量安全的农药、兽药、饲料和饲料添加剂、肥料、兽医器械，依照有关法律、行政法规的规定实行许可制度。相应地，这方面的法律有如《农药管理条例》规定了农药的登记制度，《兽药管理条例》规定兽药生产经营的许可制度。其次，这些农业投入品的使用需要符合安全使用制度的要求，这主要是指：一是有关生产过程的记录工作，如使用农业投入品时如实记载名称、来源、用法、用量和使用、停用的日期信息；二是对农业投入品使用安全间隔期或者休药期的遵守，以防止危及农产品质量安全；三是禁止使用国家明令禁止的农业投入品。

（五）质量标志

我国农产品质量安全的保障工作从推广无公害农产品的计划开

① 金发忠：《关于农产品质量安全立法的几点建议》，载《农业质量标准》2003年第6期，第9页。

始，所谓无公害农产品是指产地环境、生产过程和产品质量符合国家有关标准和规范的要求，经认证合格获得认证证书并允许使用无公害农产品标志的未经加工或者初加工的食用农产品[①]。尽管这一制度的构建主要是基于安全的保障，但由于食用农产品的入市并没有许可的前置要求，因此，无公害农产品标志的认证和使用以自愿为前提，但禁止冒用这一农产品质量标志。在此基础上，着眼于产地环境的绿色食品、有机食品标志和着眼于原产地的农产品地理标志进一步构成了所谓的“三品一标”的法定农产品质量标志。其中，绿色食品是指产自优良生态环境、按照绿色食品标准生产、实行全程质量控制并获得绿色食品标志使用权的安全、优质食用农产品及相关产品[②]。有机食品是指生产、加工和销售符合中国有机产品国家标准的供人类消费、动物食用的产品[③]。地理标志是指标示农产品来源于特定地域，产品品质和相关特征主要取决于自然生态环境和历史人文因素，并以地域名称冠名的特有农产品标志[④]。

三、《农产品质量安全法》的修订进展

鉴于上述制度在实践中出现的问题以及食品安全监督管理工作的改革，《农产品质量安全法》现已进入修订阶段。结合实践经验和现实需要，就该法律的修订中予以探讨的问题和相应的修订意见做如下总结。

（一）农产品与食用农产品的界定

根据《农产品质量安全法》的规定，农产品是指来源于农业的初级产品，即在农业活动中获得的植物、动物、微生物及其产品。然而，

① 农业部：《无公害农产品管理办法》，中华人民共和国农业部与中华人民共和国国家质量监督检验检疫总局第 12 号令，2002 年。

② 农业部：《绿色食品标志管理办法》，中华人民共和国农业部第 6 号令，2012 年。

③ 国家质量监督检验检疫总局:《有机产品认证管理办法》，总局令第 155 号，2013 年。

④ 农业部:《农产品地理标志管理办法》，中华人民共和国农业部第 11 号令，2007 年。

就其如何用于人类消费而言，上述的农产品可进一步分为食用农产品和非食用农产品。但在目前的法律规定中，问题一是具体的制度设计并没有考虑食用农产品与非食用农产品的差异化管理。事实上，目前的法律规定主要是从食用农产品的角度入手，但对于非食用农产品而言，其生产者的安全义务、农业产地环境的限制程度、农业投入品剂量限值都会不同于食用农产品对于安全的从严要求。此外，《食品安全法》的制定和修订都表明了对违法行为的从严处罚趋势。对此，当《农产品质量安全法》也遵循这一趋势，改进其薄弱的法律责任时，以食品安全的法律责任要求从事非食用农产品生产的生产者显然有失公允。问题二是就食用农产品分段监管所导致的监管盲区并没有因为法律的修订得到解决。对于这一问题，“毒豆芽”案的发生和司法判决争议显然表明：分段监管中食用农产品和其他食品类别的判断争议会因为农业生产方式转变而持续存在，而进一步导致了执法和司法中法律适用的困境。

有鉴于此，《农产品质量安全法》在修订中需要进一步厘清食用农产品和非食用农产品的区别，以便保障各类制度执行的针对性和适宜性。此外，就目前监管中由于分段监管存在的问题，《农产品质量安全法》在与《食品安全法》衔接时也应考虑食用农产品的范围，进而明确初级生产环节中的监督管理责任。

（二）安全与质量的分而治之

根据《农产品质量安全法》的规定，农产品质量安全是指农产品质量符合保障人的健康、安全的要求。然而，这一概念并没有明确安全与质量的关系。概括来说，安全一直被视为质量的一个方面，两者具有属种的关系[①]，即质量中包含了所谓的与食品安全相关的质量特征。除此之外，食品质量还包括感官、营养、享用等方面的特

① 韩永红：《论食品安全法律概念的泛化及其法律蕴意》，载《中南大学学报（社会科学版）》2010年第3期。

征[①]。因此，针对食品质量的立法有两个不同的层次。其中，第一层次的惩戒性规定主要是为了禁止食品欺诈和掺假掺杂，其采取的手段主要是制定最低要求的标准和所有生产者都要遵循的法规，这其中便包括针对食品安全的要求。在此基础上，通过具体的规则规范不同的食品质量特征，如原产地的命名可以满足消费者对于食品产地和相关生产工艺的诉求[②]。

有鉴于此，在食用农产品市场准入方面，应当基于安全和质量在规制目标、方式等方面差异采取不同的市场准入要求。就中国而言，作为食品安全源头的农业发展一直处于弱势产业的地位，其表现为农民是弱势的市场主体，农产品缺乏市场竞争力[③]。对此，应该在将安全作为市场准入的基础上，通过针对质量的市场标准，为农产品赢得比较优势并以差异化开拓市场，而在这个方面，我国多样性的农业和传承悠久的农业文化都为这些市场的开发提供了物质的和非物质的基础。事实上，安全和质量作为信任属性，需要官方规范的信息呈现方式，构建生产者和消费者之间的信任，这包括以标准、标识和认证诸多方式呈现的信息。有鉴于此，政府对于农产品安全和质量的监督管理应充分利用信息工具，构建涵盖安全和质量内容的标准体系和标识制度，以安全为底线要求，以质量为差异化工具。

（三）主体的安全保障责任

诚然，对农业生产者的主体责任进行分类管理是基于农业生产规模小而散的特点，但就保证食品安全的责任而言，无论是个体农户还是农业单位都应当承担保证食品安全的首要责任。事实上，安全食品

① FAO, *Legislation governing food control and quality certification*, Rome, 1995, p.4. 事实上，就食品质量而言，一直没有统一的观点。但在各种定义中，相同的一点是食品质量涉及多个方面的内容。例如，参见：Hooker, N. and Caswell, J., "Trends in food quality regulation: implications for processed food trade and foreign direct investment", *Journal of Agribusiness* 12(5), 1996, p. 412。

② Louis Lorvellec, Droit rural, Masson,1988, p. 412.

③ 熊德平、冉光和：《农业产业结构调整：制度经济学的解释、定义与建议》，载《福建论坛·经济社会版》2002 年第 10 期，第 33-34 页。

首先是“产”出来的理念已经得到共识。正因为如此，中国在重塑食品安全监督管理的过程中通过《食品安全法》确立食品生产经营者保证其生产经营食品安全性的首要责任。尽管农产品安全的监督管理并不属于《食品安全法》的调整范围，但鉴于农业从业者在农产品生产方面所具有的专业和信息优势，其无疑也是保证农产品安全的首要责任人。对此，将现代化的安全管理体系延伸至农业初级生产环节，其同样注重过程控制，包括通过关键点、控制措施、纠偏机制、信息记录等方式，将各类农业投入品的安全使用纳入体系化的过程管理中。相应的，由于这些现代化的管理体系将记录生产过程中的危害防控情况作为主要内容，因此，官方的监督管理方式也需要做出转变，进而突出对书面记录的审计。

有鉴于此，就农产品安全监督管理的现代化和与《食品安全法》衔接来说，“预防为主”这一监督管理原则在食用农产品安全立法中的体现就是同样确认农业生产者的主体责任及其保证食品安全的义务，在此基础上，针对个人、合作社、单位这些不同的生产主体的差异性，把握官方监督管理的灵活性。此外，就个体农户监管的困境来说，主管部门的监督管理应当具有灵活监管，而这主要是指在一般规定的前提下通过例外的规定从规模、产值、货值等方面实施农业生产主体的分类管理。以美国为例，从事农业生产的农场也被纳入美国食品药品监督管理局的管辖范围内，即根据《种植、收割、包装和处理人类消费产品》[①] 这一规章，农业生产者在使用水资源、肥料以及保障卫生条件方面需要符合官方的要求。鉴于现代化管理体系给小农造成的生产负担，《食品安全现代化法案》在一般规定的情况下，进一步就针对本地小农的要求做出了例外规定，即根据规模大小、销售远近等情况免除一些守法的义务。

① Standards for the Growing, Harvesting, Packing, and Holding of Produce for Human Consumption, in Federal Register, see https://www.federalregister.gov/articles/2015/11/27/2015-28159/standards-for-the-growing-harvesting-packing-and-holding-of-produce-for-human-consumption，最后访问时间：2018 年 3 月 14 日。

（四）风险分析体系的完善

随着农业生产的现代化，技术风险也增加了农产品安全保障中的不确定性，这一方面包括技术本身可能带来的物理性、化学性和生物性危害，例如，滴滴涕这一杀虫剂在减少病虫害的同时，对环境和人类健康都构成了安全危害；另一方面，由于人类滥用技术所导致的技术异化也进一步加剧了技术风险对人类健康的安全隐患。此外，除了由生物性、化学性危害所导致的风险这一基于“现实主义”的客观事实，即能够被科学所解释、预测和控制的实质性危险，风险还具有构建性的属性，即因为社会、文化的关系存在于公众的感知中①。在这个方面，现代技术风险的危害性、陌生度以及由食品安全问题多发所导致的不信任都加剧了公众对于食品风险的认知，尤其是激惹性这一指向公众某种关切被忽略导致的负面情绪②。

有鉴于此，国家在加强食品安全体系的时候开始以风险预防为导向，其中，由风险管理、风险评估、风险交流构成的风险分析体系成为强化这一食品安全体系的重要方法。就风险分析体系的发展而言，最初是为了强化科学在食品风险管理中的评估作用，而通过独立风险评估这一职能的目的是确保科学工作的独立性，以避免其受到政治、经济的影响。与科学专家相比，公众对于风险的认知不仅使得政府的风险规制必须强化其科学性，同时，也使得政府的相关决策必须为公众参与提供对话的机会③。在这个方面，考虑到公众对于食品安全规制日渐失去信心，一个能够为公众参与、民主审议提供机会的决策体制不仅可以增进决策的合法性，也能提高决策的公众接受度④。此外，也应通过预防为主的理念应对科学不确定性在风险管理中带来的挑战和

① 戚建刚：《食品安全风险属性的双重性及对监管法制改革之寓意》，载《中外法学》2014 年第 1 期，第 49 页。

② 钟凯等：《食品安全风险的认知学特征及风险交流策略》，载《中国食品卫生杂志》2013 年第 6 期，第 568–569 页。

③ FAO/WHO, *The application of risk communication to food standards and safety matters*, Report of a Joint FAO/WHO expert consultation, Rome, February 2–6, 1998, p. 2.

④ Randal, E., *Food risk and politics,* Manchester University Press, 2009, pp. 199–200.

困境。对于风险，不确定性不仅是风险本身所固有的特点，也是科学在客观评估风险方面所存在的局限性，即科学不确定性。而对于这一科学不确定性，需要通过谨慎预防原则加以防控，确保以行动的方式在风险及其危害实质化之前优先保护公众健康。

对于上述目标，首先，《农产品质量安全》已经通过风险监测和风险评估的科学工作体系为农产品的风险管理提供了客观依据。在这个方面，专业、独立和透明的科学工作及意见有利于提升主管部门的决策可信度，但科学意见并不是决策唯一应该考虑的因素，对此，当政府决策者在基于裁量自由拒绝某一科学意见作为其决策依据时，应当说明理由。其次，可以通过引入风险交流的制度完善风险管理决策中对其他合法诉求的考量。对此，需要强调的是，作为交流的一个关键要素，风险交流互动式的意义在于说明交流并不仅仅只是单向的信息传播或者宣传，同时也包括识别利益相关者并让他们参与决策中。正因为如此，风险交流不仅要求主管部门自行或者根据要求提供信息，同时也要求主管部门确保利益相关者可以获得信息，并参与决策的过程中。最后，基于风险预控的理念，《农产品质量安全法》的修订不仅需要明确农业生产经营者通过以风险为目标、以科学为基础的管理体系防控生产环节中的食品风险，同时也需要要求监督管理者强化基于风险的管理方式，例如，根据风险等级的划分以不同的频率加强高风险农产品或者生产环节的监管，在利用有限行政资源的同时加强对违规违法行为的监管强度。

（五）农业的绿色增长

就目前产地环境治理而言，需要重视农业污染土壤——土壤污染超标影响农产品安全的恶性循环。对此，仍须进一步通过加强农业生产过程中农业投入品的安全使用，保障农产品的安全以及减少对农业环境的影响。此外，现有农业补贴的格局中，也存在着不利于环境保护的农业补贴。例如，针对良种实施的农业补贴，在提高农民种粮积极性的同时也导致了一些受补贴的粮食作物种植面积过多，减少其他植物种植面积，进而可能对生物多样性构成致命性破坏。而针对农机等生产资料的补贴也刺激了农民使用以石油产品为动力的农机具，增加以石油制品为原料的化肥、农药，这一“石油农业”所导致的后果则是对产地环境的影响和对农产品质量安全的威胁[①]。有鉴于此，除了减少上述不利于环境的补贴类型，也可以通过农业支持政策鼓励有助于环境改善的生产方式，或者诸如税收等经济手段限制不利于环境的生产方式[②]。例如，欧盟针对有利于农业环境的措施补贴就在于通过资金支持鼓励农民以高于法定的安全要求从事农业生产[③]。

事实上，我国的传统农业模式中有着诸多有利于环境的生态农业模式。无论是基于安全的考虑，还是环保的需求，消费者对于环境友好型的食品具有更高的支付意愿。但这些农业投入不仅成本高昂，而且其对生态、社会的外部性也无法通过市场机制予以补偿。因此，也需要借助政府支持措施内化这些外部性，进而鼓励这些生态农业的持续发展。在这个方面，我国推广的无公害农产品、绿色食品和有机食品就是通过质量信息的披露，保障消费者选购以环境友好型方式生产的优质农产品。比较而言，私人更有意愿通过质量差异化的产品寻求市场机会，因此，也可以进一步放宽质量标准和标志的制定和使用，从而便于从质量特征入手发展特色农业。在这个方面，诸如文化、传统知识这些非经济因素不仅越来越受到消费者的偏好，也成为投资的新亮点，进而有助于地方经济的增长。

四、小结

《农产品质量安全法》尚在修订中，一些具体的制度改进还需要拭目以待。但就目前的工作而言，既有的一些制度创新和完善，也为食

① 王利荣：《农业补贴政策对环境的影响分析》，载《中共山西省委党校学报》2010年第1期。

② OECD, Policy instruments to support green growth in Agriculture, OECD Green Growth Studies, OECD Publishing, 2013, p. 14.

③ Council Regulation (EC) No 1698/2005 of 20 September 2005 on Support for Rural Development by the European Agricultural Fund for Rural Development, Official Journal, L 277/1, October 21, 2005, article 39.

用农产品的监督管理以及食品安全的源头监管提供了保障。概要来说，一是食用农产品的合格证制度。为进一步加快建立以食用农产品质量合格为核心内容的产地准出管理与市场准入管理衔接机制，农业部于2016年7月决定在部分省先行开展主要食用农产品合格证管理试点工作，包括河北、黑龙江、浙江、山东、湖南、陕西。在此基础上，浙江成为全国第一个全面启用食用农产品合格证的省份，且由农业、林业、渔业三厅局联合发布了业已于今年5月1日起实施的《浙江省食用农产品合格证管理办法》。至此，浙江规模农产品生产者要对所生产经营的食用农产品，自行开具质量安全合格标识。在2017年8月的经验总结会议上，农业部指出食用农产品合格证是质量兴农的重要载体，要强化顶层设计，加快法律法规制定，实现全国统一管理。

应完善食用农产品的信用管理制度。整体说来，“人无信不立，国无信则衰”，这表明诚信既是一种个人美德，也是经济社会发展和国家治理的重要内容。对此，一个具体的表现便是建设社会信用体系。其中，《社会信用体系建设规划纲要》等国家规划和要求从宏观上推进了全社会、各领域的信用制度建设。与此同时，信息社会的发展也为这一制度的落实提供了时代契机，尤其是借助信息系统来完善信用信息的记录、整合和应用。具体到食用农产品的监管而言，农业部发布的《农业部关于加快推进农产品质量安全信用体系建设的指导意见》便明确了农产品质量安全信用体系建设的重要意义、指导思想、目标原则、主要任务和保障措施。在这个方面，推进农产品质量安全信用体系建设，是强化农产品质量安全监管的重要措施，也是保障人民群众身体健康、促进农业“转方式、调结构”的迫切需要，有利于提高农业生产经营主体的责任意识、诚信意识和自律意识，有利于发挥市场调控作用，有利于提升农产品质量安全监管效能。

为了强化农业综合执法，农业部于1999年启动农业综合执法试点工作。例如，浙江省于1999年成为农业部第一个首批农业综合执法试点单位，随即浙江省各级农业部门把开展农业综合执法作为加强农业执法工作的突破口。截至2015年底，全国已有30个省（自治区、直辖市）、276个地市、2 332个县市开展了农业综合执法工作，农业县

（市、区）综合执法覆盖率超过 99%，市级覆盖率达到了 80%。实践证明，实行农业综合执法，有利于整合执法力量、理顺执法体制，有利于加大执法力度，提升执法水平，应当坚定不移地推进下去[①]。

综上，对于同步修订中的《农产品质量安全法》，这些制度也会成为其完善农产品质量安全监管的考量内容。

① 北京植保信息网：《农业部将继续推进农业综合执法》，2016 年 9 月 18 日发布，参见 http://www.bjny.gov.cn/nyj/231595/487189/605906/5800623/index.html，最后访问日期：2018 年 3 月 14 日。

中国的化肥、农药使用量零增长行动：目标、进展与挑战

金书秦[*] 周芳[**]

摘要： 实施化肥、农药零增长行动，迫在眉睫、刻不容缓，有利于防治农业面源污染，促进节本增效、节能减排，保障国家粮食安全、农产品质量安全和生态环境安全，实现农业可持续发展。本文基于化肥、农药零增长行动方案的主要内容，从政策创设、地方实践、技术支撑和已取得成效4方面分析了行动方案的可行性，探究了其存在的问题和面临的挑战，提出了推进化肥、农药零增长工作的建议，主要从做好基础研究工作、完善化肥农药使用监测和统计体系、做好试验示范、加强化肥农药减量的相关创设4方面进行。

关键词： 化肥零增长；农药零增长；可行性；中国

Abstract: In 2015 China's Ministry of Agriculture introduced two Actions that seek to achieve zero growth in the use of chemical fertilizer and pesticides by 2020. Success in reaching these targets will help control agricultural non-point source pollution, increase cost efficiency, energy conservation and emission reductions, help to ensure the safety and quality of the national grain supply and agricultural products and the safety of the ecological environment,and realize

* 农业农村部农村经济研究中心。
** 西藏大学农牧学院。

the sustainable development of agriculture. However, successful implementation will be crucial.This article considers the main contents of the Actions and analyzes their feasibility from the perspectives of policy formulation, local practices, technical support and achievements. We identify problems and challenges and suggest that zero growth of chemical fertilizer and pesticide use can be achieved by undertaking basic research on the factors that shape the use of farm chemicals, making improvements to the monitoring and statistical system for chemical fertilizer and pesticide use, setting up demonstration projects and enhancing policies formulated to reduce chemical fertilizer and pesticide use.

Key Words: zero growth of chemical fertilizer; zero growth of pesticide; feasibility; China

一、化肥、农药零增长提出的背景

21 世纪以来，在一系列强农惠农政策的支持下，我国农业农村经济快速发展，农业综合生产能力迈上新台阶，粮食生产实现历史性的“十一连增”，为国民经济平稳运行做出重要贡献。2004—2014 年，我国粮食总产由 46 947 万 t 增加到 60 710 万 t，年均增长 3.2%，已经连续 2 年超过 60 000 万 t（图 1）。其他重要农产品也是丰产丰收、供应充足、价格稳定。研究表明，作为重要的农业生产资料，化肥、农药等化学品投入对农作物稳产高产和农业经济增长具有重要作用[①②]。化肥施用对粮食增产的贡献较大，大体在 40% 以上。农业农村

① Wang QB, Halbrendt C, Johnson SR，1996. “Grain production and environmental management in China’s fertilizer economy，*Journal of Environmental Management* 47(3), pp. 283-296.

② 王祖力、肖海峰：《化肥施用对粮食产量增长的作用分析》，载《农业经济问题》2008 年第 8 期，第 65-68 页。

经济好形势为化肥、农药零增长提供了物质基础、战略空间和重要机遇。

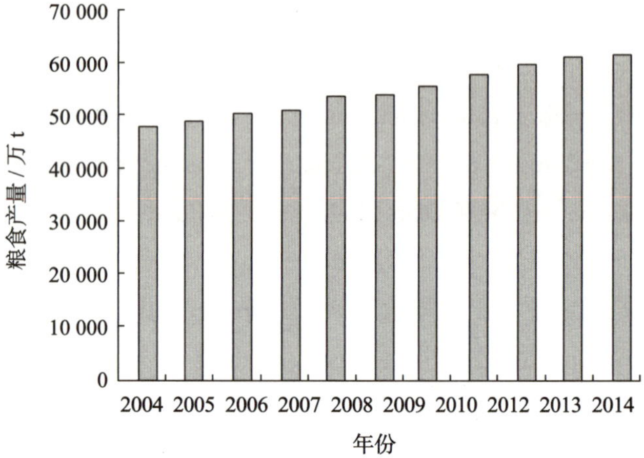

图 1　2004—2014 年我国粮食产量

我国已经成为世界上最大的化肥、农药生产国和消费国。我国化肥施用总量从 2000 年的 4 146 万 t 增加到 2013 年的 5 912 万 t，年均增长 2.8%，化肥使用总量相当于美国和印度的用量之和；化肥施用强度从 2000 年的 265 kg/hm^2 增加到 2013 年的 357 kg/hm^2，年均增长 2.5%，远超国际公认的 225 kg/hm^2 的施肥上限（图 2）。农药使用量由 2000 年的 128 万 t 增加到 2013 年的 180 万 t，年均增长 2.7%；农药使用强度由 2000 年的 8 kg/hm^2 增加到 2013 年的 11 kg/hm^2，年均增长 2.3%（图 3）。我国化肥和农药平均利用率分别为 33% 和 35%，比发达国家低 15% ～ 30%。化肥、农药对于农业而言是把双刃剑，除了带来农作物增产等意欲产出外，还会产生面源污染等非预期产出。我国化肥、农药使用量大、强度高、利用率低、施肥和施药方法不够科学等方面的问题日益严重，增加农业生产成本、浪费资源，造成地力下降、农产品残留超标和农业面源污染，影响农业生产安全、农产品质量安全和生态环境安全，危害人体健康，威胁农业可持续发展[①②③]。

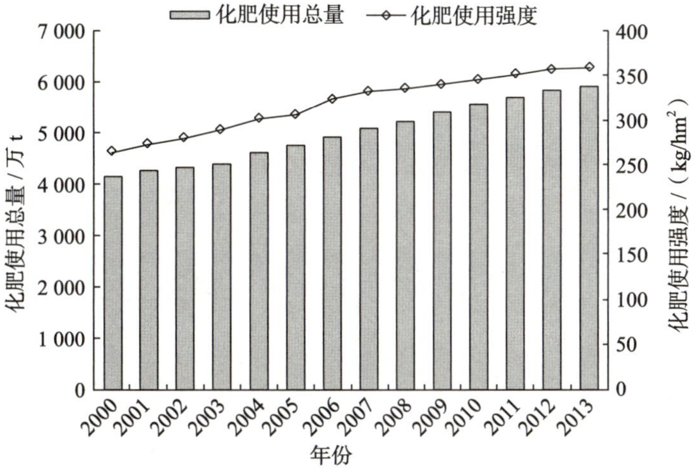

图 2　2000—2013 年我国化肥使用总量和强度

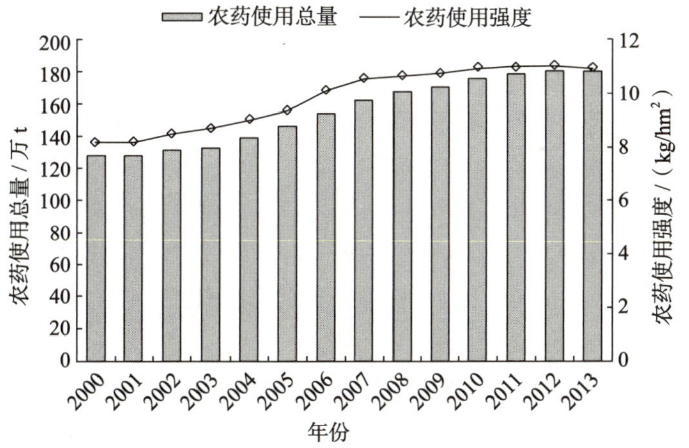

图 3　2000—2013 年我国农药使用总量和强度

---

① Xing GX, Zhu ZX, 2000. "An assessment of N loss from agricultural fields to the environment in China", *Nutrient Cycling in Agroecosystems* 57(1), pp. 67-73.

② 赖力、黄贤金、王辉等：《中国化肥施用的环境成本估算》，载《土壤学报》2009 年第 46 卷第 1 期，第 63-69 页。

③ 沈能、张斌：《农业增长能改善环境生产率吗？——有条件"环境库兹涅茨曲线"的实证检验》，载《中国农村经济》2015 年第 7 期，第 17-30 页。

农业发展面临资源条件和生态环境“两个紧箍咒”，实施化肥、农药零增长行动，实现农业化肥减量增效和农药减量控害，迫在眉睫、刻不容缓，有利于推进农业“转方式、调结构”，防治农业面源污染，促进节本增效、节能减排，保障国家粮食安全、农产品质量安全和生态环境安全，实现农业可持续发展，具有显著的经济效益、环境效益和社会效益。

二、化肥、农药零增长行动方案的主要内容

为了推进化肥减量提效、农药减量控害，探索产出高效、产品安全、资源节约、环境友好的现代农业发展之路，2015 年 2 月，农业部制定了《到 2020 年化肥使用量零增长行动方案》和《到 2020 年农药使用量零增长行动方案》，部署了化肥和农药零增长的目标、技术路径、重点任务等内容。

（一）化肥零增长行动方案的主要内容

（1）目标

根据《到 2020 年化肥使用量零增长行动方案》的要求，化肥零增长的总体量化目标是：2015—2019 年，逐步将化肥使用量年增长率控制在 1% 以内；力争到 2020 年，主要农作物化肥使用量实现零增长。具体包括 3 个方面：

1）施肥结构进一步优化。到 2020 年，氮、磷、钾和中微量元素等养分结构趋于合理，有机肥资源得到合理利用。测土配方施肥技术覆盖率达到 90% 以上；畜禽粪便养分还田率达到 60%，提高 10 个百分点；农作物秸秆养分还田率达到 60%，提高 25 个百分点。

2）施肥方式进一步改进。到 2020 年，盲目施肥和过量施肥现象基本得到遏制，传统施肥方式得到改变。机械施肥占主要农作物种植面积的 40% 以上，提高 10 个百分点；水肥一体化技术推广面积 1.5 亿亩，增加 8 000 万亩。

3）肥料利用率稳步提高。从 2015 年起，主要农作物肥料利用率

平均每年提升 1 个百分点以上，力争到 2020 年，主要农作物肥料利用率达到 40% 以上。

（2）技术路径

根据不同区域和作物的生产特点以及源头减量的实际，坚持统筹兼顾、综合施策，化肥零增长的技术路线重点在“精、调、改、替”4 个字上下功夫。具体来看：

1）“精”，即推进精准施肥。根据不同区域土壤条件、作物产量潜力和养分综合管理要求，合理制定各区域、作物单位面积施肥限量标准，减少盲目施肥行为。

2）“调”，即调整化肥使用结构。优化氮、磷、钾配比，促进大量元素与中微量元素配合。适应现代农业发展需要，引导肥料产品优化升级，大力推广高效新型肥料。

3）“改”，即改进施肥方式。大力推广测土配方施肥，提高农民科学施肥意识和技能。研发推广适用施肥设备，改表施、撒施为机械深施、水肥一体化、叶面喷施等方式。

4）“替”，即有机肥替代化肥。通过合理利用有机养分资源，用有机肥替代部分化肥，实现有机无机相结合。提升耕地基础地力，用耕地内在养分替代外来化肥养分投入。

（3）重点任务

要实现化肥零增长，应当因地制宜、循序渐进，加强分类指导，充分调动各主体的积极性，构建合力推进的长效机制。重点任务是“四推进，一提高”，具体如下：

1）推进测土配方施肥。在总结经验的基础上，创新实施方式，加快成果应用，在更大规模和更高层次上推进测土配方施肥。一是拓展实施范围。在巩固基础工作、继续做好粮食作物测土配方施肥的同时，扩大在设施农业及蔬菜、果树、茶叶等经济园艺作物上的应用，基本实现主要农作物测土配方施肥全覆盖。二是强化农企对接。充分调动企业参与测土配方施肥的积极性，筛选一批信誉好、实力强的企业深入开展合作，按照“按方抓药”“中成药”“中草药代煎”“私人医生”4 种模式推进配方肥进村入户到田。三是创新服务机制。积极探索公益性服务与经营性服务结合、政府购买服务的有效模式，支持专业化、社会化服务组织发展，向农民提供统测、统配、统供、统施“四统一”服务。创新肥料配方制定发布机制，完善测土配方施肥专家咨询系统，利用现代信息技术助力测土配方施肥技术推广。

2）推进施肥方式转变。充分发挥种粮大户、家庭农场、专业合作社等新型经营主体的示范带头作用，强化技术培训和指导服务，大力推广先进适用技术，促进施肥方式转变。一是推进机械施肥。按照农艺农机融合、基肥追肥统筹的原则，加快施肥机械研发，因地制宜推进化肥机械深施、机械追肥、种肥同播等技术，减少养分挥发和流失。二是推广水肥一体化。结合高效节水灌溉，示范推广滴灌施肥、喷灌施肥等技术，促进水肥一体下地，提高肥料和水资源利用效率。三是推广适期施肥技术。合理确定基肥施用比例，推广因地、因苗、因水、因时分期施肥技术。因地制宜推广小麦、水稻叶面喷施和果树根外施肥技术。

3）推进新肥料新技术应用。立足农业生产需求，整合科研、教学、推广、企业力量，加大研发投入力度，追踪国际前沿技术，开展联合攻关。一是加强技术研发。组建一批产学研推相结合的研发平台，重点开展农作物高产高效施肥技术研究，速效与缓效、大量与中微量元素、有机与无机、养分形态与功能融合的新产品及装备研发。二是加快新产品推广。示范推广缓释肥料、水溶性肥料、液体肥料、叶面肥、生物肥料、土壤调理剂等高效新型肥料，不断提高肥料利用率，推动肥料产业转型升级。三是集成推广高效施肥技术模式。结合高产创建和绿色增产模式攻关，按照土壤养分状况和作物需肥规律，分区域、分作物制定科学施肥指导手册，集成推广一批高产、高效、生态施肥技术模式。

4）推进有机肥资源利用。适应现代农业发展和我国农业经营体制特点，积极探索有机养分资源利用的有效模式，加大支持力度，鼓励引导农民增施有机肥。一是推进有机肥资源化利用。支持规模化养殖企业利用畜禽粪便生产有机肥，推广规模化养殖 + 沼气 + 社会化出渣运肥模式，支持农民积造农家肥，施用商品有机肥。二是推进秸秆养分还田。推广秸秆粉碎还田、快速腐熟还田、过腹还田等技术，研发具有秸秆粉碎、腐熟剂施用、土壤翻耕、土地平整等功能的复式作业机具，使秸秆取之于田、用之于田。三是因地制宜种植绿肥。充分利用南方冬闲田和果茶园土肥水光热资源，推广种植绿肥。在有条件的地区，引导农民施用根瘤菌剂，促进花生、大豆和苜蓿等豆科作物固氮肥田。

5）提高耕地质量水平。加快高标准农田建设，完善水利配套设施，改善耕地基础条件。实施耕地质量保护与提升行动，改良土壤、培肥地力、控污修复、治理盐碱、改造中低产田，普遍提高耕地地力等级。力争到 2020 年，耕地基础地力提高 0.5 个等级以上，土壤有机质含量提高 0.2 个百分点，耕地酸化、盐渍化、污染等问题得到有效控制。通过加强耕地质量建设，提高耕地基础生产能力，确保在减少化肥投入的同时，保持粮食和农业生产稳定发展。

（二）农药零增长行动方案的主要内容

（1）目标

根据《到 2020 年农药使用量零增长行动方案》的规定，农药零增长的总体目标是，到 2020 年，初步建立资源节约型、环境友好型病虫害可持续治理技术体系，科学用药水平明显提升，单位防治面积农药使用量控制在近 3 年平均水平以下，力争实现农药使用总量零增长。该目标可以分解为 3 个具体目标：

1）绿色防控。主要农作物病虫害生物、物理防治覆盖率达到 30% 以上，比 2014 年提高 10 个百分点，大中城市蔬菜基地、南菜北运蔬菜基地、北方设施蔬菜基地、园艺作物标准园全覆盖。

2）统防统治。主要农作物病虫害专业化统防统治覆盖率达到 40% 以上，比 2014 年提高 10 个百分点，粮棉油糖等作物高产创建示范片、园艺作物标准园全覆盖。

3）科学用药。主要农作物农药利用率达到 40% 以上，比 2013 年提高 5 个百分点，高效低毒低残留农药比例明显提高。

（2）技术路径

根据病虫害发生为害的特点和预防控制的实际，坚持综合治理、标本兼治，农药零增长的技术路线重点在“控、替、精、统”4个字上下功夫。具体来看：

1）“控”，即控制病虫发生为害。应用农业防治、生物防治、物理防治等绿色防控技术，创建有利于作物生长、天敌保护而不利于病虫害发生的环境条件，预防控制病虫发生，从而达到少用药的目的。

2）“替”，即高效低毒低残留农药替代高毒高残留农药、大中型高效药械替代小型低效药械。大力推广应用生物农药、高效低毒低残留农药，替代高毒高残留农药。开发应用现代植保机械，替代跑冒滴漏落后机械，减少农药流失和浪费。

3）“精”，即推行精准科学施药。重点是对症适时适量施药。在准确诊断病虫害并明确其抗药性水平的基础上，配方选药，对症用药，避免乱用药。根据病虫监测预报，坚持达标防治，适期用药。按照农药使用说明要求的剂量和次数施药，避免盲目加大施用剂量、增加使用次数。

4）“统”，即推行病虫害统防统治。扶持病虫防治专业化服务组织、新型农业经营主体，大规模开展专业化统防统治，推行植保机械与农艺配套，提高防治效率、效果和效益，解决一家一户“打药难”“乱打药”等问题。

（3）重点任务

要实现农药零增长，应当识别重点农作物和地区，实施分类指导、分区推进，建立资源节约型、环境友好型病虫害可持续治理技术体系。重点任务是“一构建、三推进”，具体如下：

1）构建病虫监测预警体系。按照先进、实用的原则，重点建设一批自动化、智能化田间监测网点，健全病虫监测体系；配备自动虫情测报灯、自动计数性诱捕器、病害智能监测仪等现代监测工具，提升装备水平；完善测报技术标准、数学模型和会商机制，实现数字化监测、网络化传输、模型化预测、可视化预报，提高监测预警的时效性和准确性。

2）推进科学用药。重点是“药、械、人”3要素协调提升。一是推广高效低毒低残留农药。扩大低毒生物农药补贴项目实施范围，加快高效低毒低残留农药品种的筛选、登记和推广应用，推进小宗作物用药试验、登记，逐步淘汰高毒农药。科学采用种子、土壤、秧苗处理等预防措施，减少中后期农药施用次数。对症选药，合理添加喷雾助剂，促进农药减量增效，提高防治效果。二是推广新型高效植保机械。因地制宜推广自走式喷杆喷雾机、高效常温烟雾机、固定翼飞机、直升机、植保无人机等现代植保机械，采用低容量喷雾、静电喷雾等先进施药技术，提高喷雾对靶性，降低飘移损失，提高农药利用率。三是普及科学用药知识。以新型农业经营主体及病虫防治专业化服务组织为重点，培养一批科学用药技术骨干，辐射带动农民正确选购农药、科学使用农药。

3）推进绿色防控。加大政府扶持，充分发挥市场机制作用，加快绿色防控推进步伐。一是集成推广一批技术模式。因地制宜集成推广适合不同作物的病虫害绿色防控技术模式，解决技术不配套、不规范的问题，加快绿色防控技术推广应用。二是建设一批绿色防控示范区。重点选择大中城市蔬菜基地、南菜北运蔬菜基地、北方设施蔬菜基地、园艺作物标准园、“三品一标”农产品生产基地，建设一批绿色防控示范区，帮助农业企业、农民合作社提升农产品质量、创响品牌，实现优质优价，带动大面积推广应用。三是培养一批技术骨干。以农业企业、农民合作社、基层植保机构为重点，培养一批技术骨干，带动农民科学应用绿色防控技术。此外，大力开展清洁化生产，推进农药包装废弃物回收利用，减轻农药面源污染、净化乡村环境。

4）推进统防统治。以扩大服务范围、提高服务质量为重点，大力推进病虫害专业化统防统治。一是提升装备水平。发挥农作物重大病虫害统防统治补助、农机购置补贴及植保工程建设投资的引导作用，装备现代植保机械，扶持发展一批装备精良、服务高效、规模适度的病虫害防治专业化服务组织。二是提升技术水平。推进专业化统防统治与绿色防控融合，集成示范综合配套的技术服务模式，逐步实现农作物病虫害全程绿色防控的规模化实施、规范化作业。三是提升服务水平。加强对防治组织的指导服务，及时提供病虫害测报信息与防治技术。引导防治组织加强内部管理，规范服务行为。

由上可知，《到2020年化肥使用量零增长行动方案》和《到2020年农药使用量零增长行动方案》明确规定了化肥和农药零增长的目标、技术路径和重点任务，并且目标都可以分为总体目标和具体目标（表1）。行动方案的主要内容体现了化肥、农药零增长应当主要从源头减量着手的思想，同时对农药、化肥的生产和使用实行全过程监管，对于已经产生的污染，通过适当的技术进行末端治理。例如，在生产环节，推广应用有机肥、缓释肥、生物农药等高效新型肥料和高效低毒低残留农药；在使用环节，积极引导专业化服务组织、农资企业参与测土配方、病虫害统防统治和绿色防控，实现化肥、农药的精准使用，提高利用效率；在末端治理方面，通过政府购买服务的方式，扶持一批农业面源污染治理的企业和市场组织，提高防治效率、效果和效益。

表1　化肥、农药零增长行动方案的目标体系

	化肥	农药
总体目标	2015—2019年，逐步将化肥使用量年增长率控制在1%以内；到2020年，主要农作物化肥使用量实现零增长	到2020年，单位防治面积农药使用量控制在近3年平均水平以下，力争实现农药使用总量零增长
具体目标	施肥结构优化：到2020年，测土配方施肥技术覆盖率达到90%以上；畜禽粪便养分还田率达到60%，提高10个百分点；农作物秸秆养分还田率达到60%，提高25个百分点	绿色防控：主要农作物病虫害生物、物理防治覆盖率达到30%以上，比2014年提高10个百分点
	施肥方式改进：机械施肥占主要农作物种植面积的40%以上，提高10个百分点；水肥一体化技术推广面积1.5亿亩，增加8 000万亩	统防统治：主要农作物病虫害专业化统防统治覆盖率达到40%以上，比2014年提高10个百分点
	肥料利用率提高：从2015年起，主要农作物肥料利用率平均每年提升1个百分点以上，力争到2020年，主要农作物肥料利用率达到40%以上	科学用药：主要农作物农药利用率达到40%以上，比2013年提高5个百分点，高效低毒低残留农药比例明显提高

三、化肥、农药零增长行动进展

为实现2020年化肥、农药使用量零增长目标，要细分目标，实化技术路径，综合运用行政、经济、法律等多种手段，上下联动、多措并举、多管齐下，逐步走上了化肥减量提效、农药减量控害和农产品高产高效的可持续发展之路。本部分主要从政策创设、地方实践、技术支撑和初见成效4方面分析我国化肥、农药零增长行动方案的可行性。

（一）相关政策创设

农业面源污染已经越来越受到关注，农业面源污染源可以分成两类：一类是由于农业生产前端某些物品的过度投入而导致的污染排放，主要包括农药、化肥等化学投入品过度使用形成的污染排放；另一类是农业生产末端产生的废弃物，如秸秆、畜禽粪便等。国家高度重视农业面源污染治理工作。2008—2010年、2013—2015年的6个中央1号文件都明确提到了农业面源污染治理问题。2014年和2015年，农业面源污染治理和农业可持续发展的相关政策更是如雨后春笋般涌现出来（表2）。这些政策包括法律法规、全国性规划和计划、部门规章，为化肥、农药零增长行动的实施提供了法律和政策依据及保障。以化肥、农药等化学品投入减量化为重点的农业面源污染防治将成为“十三五”时期的重点工作。

表2　2014年以来我国出台的农业面源污染治理相关政策

政策类型	政策名称	颁布机构
法律法规	《环境保护法》（2014）	全国人大
全国性规划、计划	《生态文明体制改革总体方案》（2015）	中共中央、国务院
	《水污染防治行动计划》（2015）	国务院
	《农业可持续发展规划》（2015—2030年）（2015）	农业部、发改委等
	《农业环境突出问题治理总体规划》（2014—2018年）（2015）	农业部、发改委等

续表 2

政策类型	政策名称	颁布机构
部门规章、行动方案	《关于打好农业面源污染防治攻坚战的实施意见》	农业部
	《到 2020 年化肥使用量零增长行动方案》	农业部
	《到 2020 年农药使用量零增长行动方案》	农业部
	《〈到 2020 年化肥使用量零增长行动方案〉推进落实方案》（2015）	农业部
	《农药包装废弃物回收处理管理办法（征求意见稿）》（2015）	环保部

（1）法律法规

2014 年 4 月，新修订的《环境保护法》对农业面源污染问题的重视程度显著提高，在农业污染源监测预警、化肥农药污染防治、畜禽养殖污染防治等方面做出了较全面的规定，要求各级人民政府及其农业等有关部门和机构应当指导农业生产经营者科学种植和养殖，科学合理施用农药、化肥等农业投入品，科学处置农用薄膜、农作物秸秆等农业废弃物，防止农业面源污染，为农业面源污染防治工作的开展奠定了法律基础。

（2）全国性规划、计划

2015 年 4 月，国务院印发的《水污染防治行动计划》要求制订实施全国农业面源污染综合防治方案，提出了到 2020 年测土配方施肥技术推广覆盖率达到 90% 以上，化肥利用率提高到 40% 以上，农作物病虫害统防统治覆盖率达到 40% 以上的目标，规定京津冀、长三角、珠三角等区域提前一年完成目标。

2015 年 5 月，农业部、国家发改委、科技部等八部委联合印发的《农业可持续发展规划（2015—2030 年）》明确规定了农业可持续发展的总体要求、重点任务和区域布局，要求普及和深化测土配方施肥，改进施肥方式，鼓励使用有机肥、生物肥料和绿肥种植，到 2020 年全国测土配方施肥技术推广覆盖率达到 90% 以上，化肥利用率提高到 40%，努力实现化肥施用量零增长；推广高效、低毒、低残留农药、生物农药和先进施药机械，推进病虫害统防统治和绿色防控，到 2020

年全国农作物病虫害统防统治覆盖率达到40%，努力实现农药施用量零增长；京津冀、长三角、珠三角等区域提前一年完成。

2015年9月，中共中央、国务院印发的《生态文明体制改革总体方案》规定，建立农村环境治理体制机制，采取政府购买服务等多种扶持措施，培育发展各种形式的农业面源污染治理、农村污水垃圾处理市场主体。自此，我国农业环境污染治理引入市场机制有规可循。

（3）部门规章

2015年4月10日，农业部发布的《关于打好农业面源污染防治攻坚战的实施意见》提出了“一控两减三基本”的农业面源污染防治目标①，明确了打好农业面源污染防治攻坚战的重点任务和保障措施，要求确保测土配方施肥技术覆盖率达90%以上，农作物病虫害绿色防控覆盖率达30%以上，肥料、农药利用率均达到40%以上，全国主要农作物化肥、农药使用量实现零增长。

4月14日，环保部发布了《农药包装废弃物回收处理管理办法》（征求意见稿），对农药包装废弃物回收、转运和处置进行了详细规定，要求逐步淘汰小容量和非标准型包装，鼓励使用大容量包装。

为了实现化肥零增长目标，农业部于4月20日印发了《〈到2020年化肥使用量零增长行动方案〉推进落实方案》，根据生产的实际和可能，细化了分年度的减量目标任务，规定了化肥减量增效的重点措施，确定了2015年率先在玉米、蔬菜、苹果等作物上开展化肥减量增效试点，为化肥零增长提供了行动指南。

（二）地方实践

化肥、农药零增长目标的实现需要中央政府和地方政府上下联动、多方协作，山东、辽宁、浙江、四川等省在农业部出台的《到2020年化肥使用量零增长行动方案》和《到2020年农药使用量零增长行动方案》的基础上，结合当地实际，细化实施方案，推进化肥、

① “一控”即严格控制农业用水总量，“两减”即减少化肥和农药使用量，“三基本”即畜禽粪便、农作物秸秆、农牧基本资源化利用。

农药零增长行动工作。这些地方实践有利于积累经验，促进政策的修改完善，助力化肥、农药零增长目标的实现。

（1）山东省的实践

山东省制定了《山东省 2016—2020 年化肥减量使用行动方案》，提出力争到 2020 年化肥使用量在现有基础上下降 5%；农作物秸秆和畜禽粪便养分还田率达到 60% 以上；化肥中氮、磷、钾投入结构优化 1∶0.5∶0.45，复合化率达到 50% 以上；农作物肥料利用率达到 35% 以上。方案还确定了山东省的减肥重点作物为蔬菜、果树、小麦、玉米，并分区确定重点技术。

根据《山东省到 2020 年农药使用量零增长行动方案》的规定，到 2020 年，山东实现农药使用总量零增长，主要农作物病虫害生物、物理防治覆盖率达 30% 以上，设施蔬菜基地、园艺作物标准园全覆盖；主要农作物病虫害专业化统防统治覆盖率达 40% 以上，粮棉油等作物高产创建示范片、园艺作物标准园全覆盖；主要农作物农药利用率达 40% 以上，高效低毒残留农药比例明显提高。

（2）辽宁省的实践

辽宁省制定了《果树到 2020 年化肥使用量零增长行动工作方案》和《苹果化肥减量增效施肥技术方案》，要求 2015—2019 年，逐步将化肥使用量年增长率控制在 1% 以内；到 2020 年，化肥使用量实现零增长。减量增效措施主要包括：增施有机肥，鼓励农民合理利用农家肥和应用商品有机肥来替代部分化肥；使用果园绿肥，喷施中微量元素叶面肥，后期合理追肥；推广水肥一体化技术，重点是推广喷（滴）灌、小管出流等节水节肥技术；使用高效缓释肥料和配方肥，延长肥效，减少用工。

根据《辽宁省到 2020 年农药使用量零增长行动方案》的要求，辽宁省农药零增长分 3 个阶段实施：2015—2016 年，实现主要农作物绿色防控技术覆盖率达 24%，专业化统防统治覆盖率达 33%，农药利用率达 36%，农药使用量增长率控制在 1% 以内；2017—2018 年，实现主要农作物绿色防控技术覆盖率达 27%，专业化统防统治覆盖率达 36%，农药利用率达 38%，农药使用量不增加；2019—2020 年，主要农作物绿色防控技术覆盖率达 30%，专业化统防统治覆盖率达 40%，农药利用率达 40%，农药使用量减少 1% 以上。

（3）四川省的实践

四川围绕“提、推、调、改、替、试”6 字，全面实施化肥使用量零增长行动。将 2015 年度高标准农田建设 550 万亩目标任务分解到国土、农发两个牵头部门，落实到 150 个规划县（市、区）和具体支撑项目。在继续深化粮油作物测土配方施肥基础上，扩大蔬菜、果树、茶叶等经济园艺作物测土配方施肥实施范围。2015 年共有 127 个项目县（单位）实施测土配方施肥项目，项目资金 4 300 万元，计划推广面积 9 000 万亩，技术覆盖村 3.8 万个，指导服务农户 1 200 余万户。以园艺作物标准园创建为抓手，着力调整施肥结构。以水肥一体化技术示范为抓手，推进施肥方式转变。在南充市、射洪县、岳池县建立喷滴灌水肥一体化示范区 3 100 亩。以畜禽粪污综合利用试点为抓手，着力推进有机肥替代部分化肥。以南菜北运基地为抓手，着力推进化肥减量增效试点。把彭州市和广安区作为南菜北运基地化肥减量增效试点县，已在彭州市落实了 10 万亩大蒜种植基地减量增效示范区，在广安区落实了 6.2 万亩蔬菜减量增效示范区。

四川省全面实施农药使用量零增长行动，提出了农药使用量减少 1% 的目标，将绿色防控作为现代农业产业基地建设的重要内容。2015 年上半年，省、市两级财政累计投入绿色防控推广补助资金 1 亿多元，因地制宜集成绿色防控技术模式，通过省质监局批准发布的农作物病虫害防治技术规程省级地方标准达 30 个，“以螨治螨”防控柑橘红蜘蛛防效达 75% 以上，“赤眼蜂 + 病毒”控制玉米螟防效达 73% 以上。近几年累计培训绿色防控技术骨干 5 000 多人次，培训农民 25 万人次，全省 2 000 万亩绿色防控核心示范田亩均减少化学用药量 0.25kg，累计减少化学农药用量 5 000 t 以上。

（三）技术支撑

化肥、农药零增长的实现离不开技术支撑。化肥和农药减量技术是指在不减少作物产量的条件下，通过一系列产前、产中、产后技术的综合，减少化肥和农药使用量，提高化肥和农药利用率，实现农业节本增效，减少农业面源污染。科学研究表明，在采取恰当耕作技术和管理方式的条件下，以更少的化学投入也能获得更高的产量[①]。

产前节肥和节药技术。通过推广缓释肥料、水溶性肥料、液体肥料、叶面肥、生物肥料、土壤调理剂等高效新型肥料，生物农药、高效低毒低残留农药，不断提高肥料和农药利用率，减少其使用量。例如，水溶性肥料是一种可以完全溶于水的多元复合肥料，包括氮、磷、钾及各种微量元素等作物生长所需要的全部营养元素，作物吸收利用率较高，能够达到 70% ～ 80%。

产中节肥和节药技术。通过改变施肥和用药方式以及肥料和农药成分，科学减少化肥和农药流失，实现化肥和农药高效吸收，主要包括测土配方施肥、化肥深施、秸秆还田、水肥一体化、绿色防控、科学施药等。例如，化肥深施技术是将化肥定量均匀地施入地表以下作物根系密集部位，使之被作物充分吸收，同时又显著减少肥料有效成分挥发和流失的技术。研究表明，碳酸氢铵、尿素深施地表以下 6 ～ 10 cm 的土层中，比表施的利用率相对提高 115% 和 35%。

产后化肥和农药污染治理技术。通过不同的途径和方式吸收、富集、降解、净化化肥和农药污染物，减少环境污染，主要包括面源污染防治技术、水体富营养化治理技术、生物修复降解技术。例如，面源污染防治技术的关键在于吸收化肥和农药中未被作物有效吸收的氮、磷等不同污染物，主要采用的技术包括生态沟渠、生化塘、人工湿地技术等。

（四）初见成效

化肥、农药零增长并不是不用农药化肥，而在于通过提高产品质量、研制新型高效产品、改进施用方式，从而提高利用效率，达到化肥、农药减量增效的效果，保证农业生产的可持续。数据显示，2015

① 金书秦、周芳、沈贵银：《农业发展与面源污染治理双重目标下的化肥减量路径研究》，载《环境保护》2015 年第 43 卷第 8 期，第 50-53 页。

年化肥、农药使用量零增长行动及一系列配套技术措施开展以来，我国水稻、玉米、小麦 3 大粮食作物化肥利用率为 35.2%，比 2013 年提高 2.2 个百分点，减少尿素使用量 100 万 t，帮助农民减少生产投入约 18 亿元；农药利用率为 36.6%，比 2013 年提高 1.6 个百分点，减少农药使用量 1.52 万 t，农民减少生产投入约 8 亿元。据测算，化肥利用率提高 2.2 个百分点，减少的化肥投入相当于减少氮排放 47.8 万 t，节省 100 万 t 燃煤。这充分说明化肥和农药减量对节本增效和减少环境污染具有重要作用，科学用肥、精准用药、提高利用率本身就是在减少用量，化肥和农药减量既有成效，也仍有空间[①]。

四、化肥、农药零增长存在的问题和挑战

在我国这样一个农业大国，实现化肥、农药零增长具有一定难度，受气候、市场等不确定因素的影响，难度更大。化肥、农药零增长主要面临如下问题和挑战：

（一）化肥和农药零增长的数据基准不明确

目前关于化肥和农药零增长目标的总体表述分别是：2015—2019 年，逐步将化肥使用量年均增长率控制在 1% 以内；力争到 2020 年，主要农作物化肥使用量实现零增长。单位防治面积农药使用量控制在近 3 年平均水平以下，力争实现农药使用总量零增长。国家对于农业化肥使用量有统计数据，但是对于农药使用量的目标表述在一定程度上缺乏准确的数据基准。目前在国家层面的统计数据反映的是农药制剂量，近年来在 180 万 t 左右，但是在农药工业乃至农业生产部门，普遍使用的是活性成分的折纯（折百）量，一般认为在 30 万 t 左右，但缺乏官方公开发布的连续、准确数据。如果使用制剂指标的话，实际上 2013 年农药使用量相较 2012 年已经减少了 0.4 万 t。考虑对环境、

① 新华网：《我国三大主粮化肥、农药利用率明显提升》，2015 年 12 月 2 日，http://news.xinhuanet.com/ fortune/2015-12/02/ c_111 7336011.htm。

健康和质量安全的影响，折纯量显然更有意义，如若使用该指标，未来需要在农药使用的监测和统计上进一步完善，获取一套较为准确的数据。

（二）警惕统计数据和实际效果不一致

当前，很多省份，甚至市和县都提出了当地化肥、农药零增长行动计划，有的还提出了化肥、农药使用量负增长的目标。这充分反映了各省市对该项工作的重视和决心。但要警惕的是，化肥、农药零增长一定要避免总量控制遭遇的尴尬①。不能使零增长沦为统计上目标实现的数字游戏，而应使化肥和农药减量与农业环境质量的改善相一致。

所谓总量零增长，理想路径是每个省份、每个县、每个村甚至每个地块都实现零增长，但这并不是唯一路径，也不是最优路径。零增长隐含的政策指向是更加科学有效地使用化肥、农药，把不合理的用量减下去，并且要把农业生产的效率和效益提上来。从这个层面来讲，化肥、农药零增长是转变农业发展方式、提高农业可持续性的抓手。只有从这个高度来认识化肥、农药零增长，才能避免就农药说农药，也能保持对这项工作持久的积极性。而且，化肥、农药的使用是非常具体的工作，在有了大的方向指引后，还要落到生产实际，不能停留在机械式地按行政区、按年份层层分解甚至层层加码。从对地方考核来讲，统计数据所反映的减量是一方面，更重要的是与减量相匹配的农产品生产环境、生态环境和农产品质量的改善。

（三）化肥、农药大量使用的影响因素复杂多样

农民是农业生产资源的占有者和使用者，其对化肥、农药（包括数量、种类、技术等）的选择直接影响零增长目标能否实现。化肥、农药是需要花钱购买的生产资料，况且施肥和打药是辛苦而危险的工作，农民不会无缘无故多用。因此，要从全产业链去分析影响化肥、

① 具体为：减排与环境质量脱节、减排基数不科学、与达标排放冲突、造成片面污染减排后果、涉嫌成为数字游戏。详见孔玲珏：《环境指挥棒为何失灵——总量考核五尴尬》，载《财经周刊》2015 年 9 月 14 日。

农药使用量的因素，可以概括为“产、销、用 $+X$”，当然，还应当反思“管”的问题。

从理性经济人的角度来看，产、销两方都希望多使用化肥、农药。从用的角度，化肥、农药的过度使用是在一定条件下发生的。农作物生长和病虫害发生为害的复杂性以及农民自身知识水平的局限性，使得农民使用化肥和农药时往往采取谨慎的态度，倾向于使用大量和更多种类的化肥、农药，以确保农作物增产增收。农民还高度依赖于化肥、农药零售商和农技推广人员等外来信息提供者，而经销商往往会为了经济利益夸大化肥、农药使用量，或者农民可能因为对经销商的不信任，而在经销商推荐剂量的基础上进一步增加用量。X 指的是不确定性，主要包括两个方面。一是自然气候的不确定性，如气候原因导致的病虫害多发；二是市场的不确定性，例如，由于种粮收益的下降，农民改种经济作物而引发的化肥、农药使用量增加。由此可见，化肥、农药使用量受产销用等各环节、各主体多种因素的影响，政府部门必须明确这些复杂多样的影响因素，并提前预判各种可能出现的不确定性，才能做好化肥、农药零增长的管理工作。

五、“十三五”推进化肥、农药零增长工作的建议

化肥、农药零增长是事关全局的行动计划，其必要性和重要性不言而喻，而且在当前条件下，也是一项务实、可行的工作。在总体目标层面，要大处着眼；在具体操作层面，要小处着手。既要有打好攻坚战的决心和信心，更要有打好持久战的耐心和恒心。基于化肥、农药零增长工作的可行性及存在的问题，提出以下 4 点建议。

第一，做好基础研究工作。分地区、分作物、分主体，对化肥农药使用、经销、生产等全产业链进行分析，研究清楚“产、销、用 $+X$”各环节、各因素对于化肥、农药使用量的影响，确定化肥、农药过度使用的主要原因。只有这样，在试验示范或政策设计中才能针对各个环节、各类因素，各个击破。

第二，完善化肥、农药使用监测和统计体系。针对农药使用量缺

乏准确数据基准的问题，当务之急是要拿出一套可信、连续、准确的农药使用基准数据。该数据可以基于大口径的供销平衡核算，也可以基于微观层面的农户行为监测，最好采用能表征对环境、健康和质量安全的影响的折纯量数据。完善的监测和统计体系是未来评估化肥、农药零增长工作成效的重要依据，能够避免零增长沦为统计上目标实现的数字游戏。

第三，抓好局部，带动全面，做好试验示范。在总体原因不明、基准不清的情况下，力争先实现局部改善。极端一点，全国 2 000 多个县、几十万个村，哪怕只有一个县、一个村实现减量，其他县、村保持现状，对于全局而言也实现了减量。因此，在研究、管理到位前，不妨做好试验示范，以便短期内打好攻坚战。

第四，加强化肥和农药减量的相关政策创设。化肥、农药过量使用造成的农业面源环境污染治理属于公共服务范畴，不仅是农业自身的问题，更是公共问题和社会问题。根据污染者付费原则和公共经济学理论，农业面源污染治理成本不能由农民自己承担，而应由公共财政、农资生产经营企业和农民共同承担。要实现化肥、农药使用量零增长的目标，国家应加大对农业污染治理设施建设和资金投入力度，整合现有农业补贴政策，建立以绿色生态为导向的农业补贴制度；考虑到农民收入低、贡献大、承受能力差的现实，应该创设以正面激励和奖励手段为主的化肥和农药零增长政策，例如，对其使用节肥节药技术进行补贴或奖励。

（三）

案例研究

03

农药的食品安全风险：农户的自我保护行为和食品安全共治

方菁* 刘艳芳**

摘要： 本文调查了云南省某蔬菜种植大县农户食用的蔬菜来源，收集了农户食用的蔬菜样本并检测了其中的有机磷类和氨基甲酸酯类农药的残留情况，以研究农户对农药导致的食品安全风险的认知和自我保护行为。研究结果表明，农户们知道在蔬菜种植过程中使用农药带来的食品安全风险，并且通过主要食用自家自留地中专门种植的不使用农药或者很少使用农药的蔬菜来规避这一风险。实验室检测结果表明，来自农户自留地的蔬菜样本其农药残留阳性率低于其他来源的蔬菜样本，提示农户的这种自我保护行为在减少农药相关的食品安全风险方面有一定效果。然而，由于在蔬菜种植中大量使用农药所导致的环境污染，这种自我保护行为的效果是有限的。此外，农户的这种自我保护行为可能会对2015年修订通过的新的《中华人民共和国食品安全法》提出的食品安全社会共治产生消极影响。

关键词： 蔬菜农药残留；农户自我保护行为；食品安全社会共治

Abstract: This article investigates the sources of vegetables consumed by farmers, their perception of pesticide-related food

* 昆明医科大学健康研究所，昆明650500。

** 云南大学生命科学学院，昆明650091。

safety risks and the behaviors they engage in to protect themselves, and explores the implications for the social co-governance of food safety emphasized by China's recent Food Safety Law. The research site is a county in Yunnan Province where vegetable growing is the major source of income and livelihood for local farmers. We surveyed 417 farmers and collected 776 vegetable samples from 377 surveyed farmer households and tested them for organophosphate and carbamate pesticide residues using PR-12N Rapid Detection Instrument for Pesticide Residues. The results showed that farmers know about the risks to food safety caused by pesticides used in vegetable growing and they purposely avoid these risks by mainly consuming vegetables planted in home gardens or private plots that use little or no pesticides. This implies that the efforts of farmers to protect themselves from pesticide-related food safety risks do have some effect; however, the effect is limited due to the environmental pollution caused by the massive use of pesticides in commercial vegetable growing. Furthermore, this self-protective behavior may have a negative impact on the social co-governance of food safety set out in the new Food Safety Law.

Key Words: vegetable pesticide residues; farmers' self protective behavior; social co-governance; food safety

一、前言

过去 10 年来在中国，食品安全已经成为政府和群众关注的重要问题之一，食品安全也是媒体和研究者关注的热点问题。在农业生产过程中使用的农药是食品安全的风险之一。若干已经发表的研究揭示，在我国的各种市场上采集到的蔬菜样本都发现了较高的农药残留阳性率[①-⑧]。由农药残留引发的食物中毒也时有报道。然而，对农户食用的蔬菜的农药残留情况较少有研究报道。实际上，对蔬菜而言，农户既是生产者也是消费者，农户食用的蔬菜其农药残留情况会与其他消费者食用的蔬菜一样吗？

一些口头传闻提示农户们知道使用农药带来的健康危害，因此为了避免或者减少这些危害，他们在种植供自己食用的蔬菜时不使用或者很少使用农药。那么，农户们的这种"自我保护行为"是一种普遍现象吗？这种自我保护行为在减少蔬菜农残方面有效果吗？这种自我保护行为是否会影响到2015年颁布的新的食品安全法中提出的"食品安全社会共治"的实施？到目前为止，较少有研究对这些问题给予关注。本研究通过在云南省的M县开展的一项调查，试图对这些问题进行回答。

M县是中国云南省的蔬菜种植基地，自从20个世纪80年代以来大量种植蔬菜，特别是冬早蔬菜，产品销往云南省、全国的20多个省份并出口部分国家或地区。自从20个世纪80年代以来，商业性的蔬菜水果种植逐渐成为该县很多农户的主要生计和收入来源，主要种植的蔬菜品种包括番茄、菜豆、黄瓜、洋葱等，水果包括青枣、葡萄等。当然，这一蔬菜种植的发展过程伴随着大量农药和其他化学投入品，

---

① 高洁、李拥军、范淑娇等：《2009—2012年中山市蔬菜农药残留现状调查研究》，载《现代农业科学》2013年第13期，第137-138页。

② 李琰、蔡跃、杨胜琴等：《上海市闵行区蔬菜和水果中有机磷类和氨基甲酸酯类及拟除虫菊酯类农药残留调查》，载《环境与健康杂志》2011年第28卷第1期，第74-76页。

③ 花清菊、冯博、蒋成量：《集中供餐单位蔬菜中有机磷和氨基甲酸酯类农药残留状况调查》，载《铁路节能环保与安全卫生》2011年第1卷第3期，第161-162页。

④ 郭丹、陈涛、李金慧等：《蔬菜农药残留现状的调查与分析——以太原市为例》，载《食品工程》2011年第3期，第3-5页。

⑤ 余以刚、卢志洪、朱珍等：《广州市售蔬菜有机磷农药残留情况调查分析》，《现代食品科技》2010年第26卷第7期，第742-745页。

⑥ 刘悦上、马金芝、刘子维：《2010年鲁北蔬菜中农药残留问题调查》，载《农业科技通讯》2011年第9期，第189-191页。

⑦ 张晓荣、刘拉平、杨蓉等：《陕西省不同蔬菜水果农药残留污染调查分析》，载《农业灾害研究》2012年第2卷第3期，第89-91页。

⑧ 代亚芳：《农产品农药残留现状及控制对策》，载《植物医生》2013年第26卷第2期，第4-6页。

如化肥、薄膜的使用。在 2001 年，当地县政府为了生产“无公害”和“绿色”蔬菜，在全县范围内禁止了高毒、高残留农药的使用，但同时积极推动使用低毒、低残留的新一代农药，该县在 2003 年被农业部认定为全国 100 个无公害蔬菜生产示范县之一。从那以后 15 年过去了，该县的农户在蔬菜种植中仍然使用大量的农药，这给食品安全带来了隐患，同时，也为我们研究农户对农药相关的食品安全的认知和应对行为提供了一个很好的研究现场。

二、研究方法

在该研究中，我们采用了定量和定性的研究方法，具体包括以下研究方法。

访谈：我们访谈了县农业局的 3 位工作人员、5 名农药经销商、一家跨国农药公司的 2 名驻县销售人员和 15 名当地农户。

问卷调查：我们在该县种植蔬菜最多的 3 个乡选择了 6 个村开展问卷调查，一共调查了来自 424 户农户家庭的 424 名农民，调查内容包括家庭食用的蔬菜来源、农户对农药的健康影响的认知和农户在种植蔬菜过程中使用农药的行为。在 424 份问卷中，417 份为有效问卷，纳入了分析，问卷有效率为 98.3%。

蔬菜样本农药残留实验室检测：我们向接受问卷调查的 417 户农户收集家中当天待食用的蔬菜样本，一共收集到了 766 份，来自 377 个家庭，40 户家庭当时没有待食用蔬菜。我们将这些蔬菜样本采用 PR-12N 农药残留快速检测仪检测其中的有机磷农药类和氨基甲酸酯类农药的残留情况。PR-12N 农药残留快速检测仪依据标准为：GB/T5009.199—2003。检测方法具体步骤为：从样本袋中取出蔬菜样本，擦去表面泥土，剪成 1 cm 左右见方碎片，取 5 g 放入带盖瓶中，加入 10 mg 纯净水，震荡 50 次，静置 2 min 以上。每批做 9 个检样，同时做一个纯净水的空白对照。每剪完一个样品，剪刀洗净后再处理另一个样品，避免交叉污染。用移液枪取 80 μL 样品液加到白色药片上。按 [启动] 键，反应开始倒计时 10 min（“反应” 指示符亮）。当听到仪器发出急促的蜂鸣提示音时关闭上盖，显色开始倒计时 3 min（“显色”指示符亮）；待仪器发出缓和的蜂鸣提示音时，打开仪器上盖，进行结果判定。与空白对照卡比较，白色药片不变色或略有浅蓝色均为阳性结果，白色药片变为天蓝色或与空白对照卡相同，为阴性结果。阳性结果即代表蔬菜样本中有机磷类和氨基甲酸酯类农药残留超标，即超过 GB/T5009.199—2003 的限定值。但检测结果是定性结果，不能测出残留农药的具体含量。

现场调查工作分别在 2013 年的 1 月、4 月、6 月和 7 月完成。

三、研究发现

调查对象的人口学信息：

本研究一共对 424 名农户进行了问卷调查，其中 417 份问卷完整有效纳入分析。表 1 显示了这些调查对象的人口学基本信息。大约 2/3 的调查对象是男性，1/3 为女性。65% 的调查对象年龄在 40 岁以上。大多数调查对象是汉族。88% 的调查对象文化程度为小学和初中。

表 1　调查对象的基本人口学基本信息

人口学信息		样本数	占比 /%
性别	男性	276	66.19
	女性	141	33.81
年龄 / 岁	20 ～ 30	28	6.71
	30 ～ 40	104	24.94
	40 ～ 50	174	41.73
	50 ～ 60	88	21.10
	60 ～ 70	19	4.56
	70 ～ 80	4	0.96
民族	汉族	378	90.65
	彝族	31	7.43
	傈僳族	8	1.92

续表 1

人口学信息		样本数	占比 /%
文化程度	文盲	16	3.84
	小学	167	40.05
	初中	203	48.68
	高中	31	7.43

当地农户食用的蔬菜来源：

对农户的定性访谈发现当地农户主要是食用自家自留地里种植的蔬菜。自留地通常为一小块土地，位于农户家的房前屋后，或者后院或者大田的边沿，农户用这块地来种植供自家食用的蔬菜。只有当自留地里没有蔬菜了或者是自己不种植的蔬菜才会购买，农户很少吃自己种植的用来出售的蔬菜。这一“选择性”行为背后的主要原因是农户担心在生产过程中频繁使用的农药残留在蔬菜上导致的危害。当然，也有农户解释这种行为是因为农户种植的用来出售的蔬菜品种有限，他们不愿意每天吃同样的蔬菜。但大部分农户不吃自己大田种植的用于出售的蔬菜主要是担心农药的危害。

问卷调查揭示，76.5% 的农户报告他们食用的蔬菜主要来自自留地种植的蔬菜，并且 62% 的农户认为自己家消费的蔬菜 76% ～ 100% 是自己自留地种植的蔬菜，见表 2。

表 2　当地农户家庭消费的蔬菜来源

蔬菜来源及消费占比		样本数	占比 /%
农户家庭消费的蔬菜主要来源	自留地	319	76.50
	大田	2	0.48
	市场	57	13.67
	自留地 + 大田	39	9.35
农户估计的来自自留地的蔬菜占家庭消费蔬菜的比例	0% ～ 25%	35	8.39
	26% ～ 50%	43	10.31
	51% ～ 75%	81	19.43
	76% ～ 100%	258	61.87

我们从 377 户农户家庭中收集到的 766 份待食用蔬菜样本中，557 份占 72.71% 来自农户的自留地，51 份占 6.66% 来自大田，158 份占 20.63% 来自市场购买，见表 3。3 个不同来源的数据，即访谈、问卷调查和收集到的蔬菜样本都指向同一个方向：当地农户主要食用的是自己自留地中种植的蔬菜。

表 3　收集到的蔬菜样本来源

蔬菜来源	样本数	**占比 /%**
自留地	557	72.71
大田	51	6.66
市场	158	20.63
合计	766	100

蔬菜样本的农药残留阳性率：

在收集到蔬菜样本的 377 户农户家庭中，50 户农户的蔬菜样本检出了有机磷类和氨基甲酸酯类农药残留，占调查的农户家庭总数的 14.84%。这个意味着大约有 15% 的当地农户家庭存在从蔬菜摄入农药的风险，尽管大部分农户采取了对自己吃的蔬菜避免使用或者减少使用农药的自我保护行为。

在这 766 份蔬菜样品中，61 份检出了有机磷类和氨基甲酸酯类农药残留，阳性率为 7.96%。进一步地分析发现，农药残留阳性率在 3 种不同来源的蔬菜样本中并不相同：来自自留地的蔬菜样本阳性率最低：6.10%（34/557）；来自大田的蔬菜样本阳性率为 13.73%（7/51）；从市场上购买的蔬菜样本阳性率为：12.66%（20/158）。后面两种来源的蔬菜样本阳性率几乎是来自自留地的蔬菜样本阳性率的 2 倍，3 个阳性率之间的差别有统计学意义：$x^2 = 9.69$，$0.005 < P < 0.010$，见表 4。

这个研究发现证实了不使用或者较少使用农药的土地生产出的蔬菜农药残留阳性率较低。一般而言，来自自留地的蔬菜样本阳性率都较低，但是，不同位置的自留地，其出产的蔬菜农药残留阳性率也不同：位于大田附件的自留地，其蔬菜样本阳性率为 7.43%（15/202）；距离大田较远的自留地，其蔬菜样本阳性率为 5.54%（15/271）；而位于农户房屋周围或者后院的自留地，其蔬菜农药阳性率最低，为4.76%（4/84）。尽管这3个阳性率的差异没有统计学意义，仍然可以看到一个清楚的农药残留阳性率的梯度差异，见表5。

表4 不同来源的蔬菜样本的农药残留阳性率

蔬菜样本来源	阳性数	总数	阳性率/%
自留地	34	557	6.10
大田	7	51	13.73
市场	20	158	12.66
合计	61	766	7.96

x^2=9.69，$0.005 < P < 0.010$。

表5 来自不同自留地的蔬菜样本农药残留阳性率

自留地的位置	阳性数	总数	阳性率/%
大田附件	15	202	7.43
远离大田	15	271	5.54
农户后院	4	84	4.76
合计	34	557	6.10

农户使用农药的行为：

对农户和农药经销商的访谈发现，对于种植的用于出售的蔬菜，为了保障蔬菜的产量和蔬菜的外形美观以便能卖到更好的价钱，农户在生产过程中频繁使用农药。农户们通常以一种“预防性”的方式使用农药，即在未明显见到蔬菜疾病和害虫的情况下使用农药。农户们表示如果蔬菜的病害已经能明显看到时才喷洒农药会太晚，往往不能起到作用，甚至蔬菜会绝收，所以他们一般一周喷洒一次农药，如果碰到下雨还会增加喷洒农药的次数。一些农户会增加农药的使用量以达到更好的效果，有的农户甚至使用禁用农药：问卷调查揭示，130名接受调查的农户（占31.18%）表示在过去一年内使用过至少一种列出在问卷中的国家禁止在蔬菜上使用的农药，见表6。使用人数最多的禁限农药为杀虫脒，其次为甲胺磷、克百威、氧化乐果、地虫硫磷等。这些禁用农药在农业部于2002年颁布的一份蔬菜种植中禁用的农药名单上。82.49% 的接受调查的农户表示当选择农药时他们主要考虑的是农药的效果，只有 3.36% 的农户表示他们愿意选择低毒的生物农药。该县农业监督执法大队的工作人员表示他们开展市场监管控制禁用的高毒、高残留农药的销售和使用，并且鼓励群众举报这些农药的销售和使用，对举报人给予经济奖励，通过这些方法极大地减少了高毒、高残留农药在该县的销售和使用。然而，该县有大量的以家庭为单位的蔬菜种植农户，有分布在全县乡村的 450 多家农药零售店，因此，难以对所有这些使用和销售农药的目标人群进行监管。在 417 户接受调查的农户中，77.94% 的农户报告从来没有任何政府部门到他们的村子来检测过他们种植的蔬菜农药残留，这也是农户在使用农药时没有顾虑的原因之一。

“我打农药的时候，有时候会看说明书，但是我一般都会加大药量，因为觉得说明书上写的剂量太少了，不管用，要加量打才管用。”

——该县某村民

“对于农民来说，只要不是用来出口的蔬菜，他们根本不关注农药残留，基本不去控制(农药使用)。自家的自留地基本不怎么打农药，往外卖的蔬菜打药就毫无控制。农民基本上从不考虑抗药性的问题，病虫害打不好就继续加量打药。也有发现当地农民把青霉素、避孕药等用在作物上。”

——某跨国农药公司驻该县业务员

“农药店中有一些国产农药，农民反映非常好用，价格又便宜，但该农药包装上显示的名称和成分，显然不可能达到这样的效果，当地执法大队在检查时基本上只关注是否卖禁用的农药，而对农药的隐性成分没有关注。”

——某跨国农药公司驻该县业务员

“我们村子里有的人会用高毒农药，如甲胺磷，农药店不会公开卖这些农药，但我们能买到。至于我自己，4 四年前我使用甲胺磷时发生过中毒，现在我不敢用这样的农药了。”

——某村民

“该县用的比较常见的农药包括：吡虫啉、菊酯类农药、百草枯等。在该县，引起农药中毒的农药主要是：除草剂（百草枯）、拟除虫菊酯类、甲拌磷等。菊酯类农药在该县是禁止销售的，但是实际上是有卖的，部分小店明明白白地摆出来卖。有机磷类的农药现在有，但是很少卖了。

——某跨国农药公司驻该县业务员

表6　调查前一年使用过禁用农药的农户数量和百分比

使用过的禁用农药种类	样本数	**占比/%**
1种	55	13.19
2种	31	7.43
3种	17	4.08
4种	14	3.36
5种	7	1.68
6～20种	6	1.44
合计	130	31.18

农户对蔬菜农药残留的认知和自我保护行为：

上述数据表明在蔬菜种植过程中农户频繁使用农药，部分农户甚至使用政府明令禁止在蔬菜种植中使用的高毒、高残留农药。使用农药的主要动机是确保从商业性的蔬菜种植中盈利，这是当地农户的主要经济收入来源和生计。农户在使用农药时也会暴露于农药污染，他们是否知道农药的健康危害？如果知道，他们如何应对？这一知识如何影响农户的行为？

访谈资料表明农户们对于农药的健康危害多少有一些了解。一些农户亲身经历过农药中毒事件或者目击过家庭成员或者同村农户的农药中毒事件。这些农户在使用农药时比较注意穿戴个人防护装备，也有的农户虽然知道农药的健康危害，但仍然不注意防护。问卷调查数据表明64.51%的农户认为自己知道蔬菜农药残留的概念，虽然有35.49%的农户声称自己不知道蔬菜农药残留的概念，但几乎所有的接受调查的农户都报告他们的家庭主要食用自己的自留地种植的蔬菜以确保食品安全，并且95.92%的农户认为自家自留地出产的蔬菜是安全的，主要因为两个原因：第一，自留地很少打农药；第二，在很少的情况下自留地不得不使用农药，他们清楚地知道使用农药的时间，而且会等到安全间隔期过完后再食用自留地的蔬菜。这表明农户知道农药带来的食品安全风险并采取了一定的应对措施。一位女性农民说，如果她需要从市场上购买蔬菜为家人准备食物，她会选择从邻居家购买而不是去市场购买，因为她清楚邻居使用农药的情况，但她不知道市场上出售的蔬菜的农药使用情况。定性和定量的数据都揭示农户们知道农药带来的食品安全风险并且通过主要食用“特别为自家种植的蔬菜”来避免通过食物摄入农药。

四、讨论

农药的发明和应用在防治病虫害、提高粮食产量、保障粮食安全、防控虫媒传染病、控制有害生物方面做出了重要贡献。在农业生产过程中使用农药目前在中国乃至世界上绝大部分国家和地区仍然是必不可少的。但是，在农业生产中不合理的农药使用会导致环境污染，威胁生态安全，带来食品安全隐患，直接和间接地危害人类健康。为了控制在农业生产中使用农药带来的危害，中国政府相继出台了一系列政策，包括禁止或者限制若干高毒、高残留农药的使用，推广低毒、高效、低残留的新型农药，提倡种植“无公害”“绿色”食品等以及最近出台的“到2020年化肥农药使用零增长”的目标等，这些政策需要在基层得到落实才能发挥作用。

本研究通过在云南省某蔬菜种植大县的现场调研，在一定程度上揭示了当前我国小农户在蔬菜种植中使用农药的状况及其带来的食品安全隐患：农户在蔬菜生产过程中存在乱用和滥用农药的现象；大约1/3的农户（31.18%）在调查前一年使用过至少一种已经禁用的高毒、高残留农药；农户食用的蔬菜样本的有机磷农药和氨基甲酸酯类农药残留的阳性率为7.96%。这些数据说明，要完全贯彻落实各项控制农药使用的政策和实现农药零增长的目标仍然任重而道远。

研究的另外一个发现是：农户并不是在完全无知的情况下使用农药，61%的农户承认知道蔬菜农药残留的概念；更多的农户采取了自我保护行为：只吃自己自留地中种出来的蔬菜，因为不打农药是安全无害的。我们的数据表明，这种自我保护措施普遍存在并且具有一定的效果：自留地来源的蔬菜样本农药残留阳性率最低。但是，这种自我保护措施带来的对控制农药政策执行的影响值得深思。农户虽然知道使用农药带来的食品安全隐患，但如果他们认为自己是安全的，他们在蔬菜种植中使用农药是否会更加没有顾忌？为应对食品安全问题，我国提出了食品安全共治的概念，作为其中的重要利益相关方，农户的这种“安全感”是否会影响到他们积极参与食品安全共治？本研究不能为这些问题提供答案，但提示了将来的研究方向。

实际上，农户的这种通过规避风险的自我保护行为带来的“安全感”是虚幻的。虽然通过食用不施用农药或者很少施用农药的自种蔬菜可以在一定程度上减少农药通过食物进入人体，但也有部分农户不满足于只食用自己种植的蔬菜，开始从市场上购买蔬菜，这部分农户和普通消费者一样暴露于市场上出售的、农残率较高的蔬菜。此外，在农村大量普遍使用农药的大环境下，土壤、空气和水源受到污染，农药仍然可以通过饮水、呼吸道和皮肤等途径进入人体，对人体健康造成危害。我们在该县的另外一项研究检测了当地村民尿液中的农药含量，发现当地村民尿液农残的阳性率较高，甚至不进行农业生产的儿童和老人也有较高的农药残留阳性率[①]。这些证据说明，在农药的危害面前，农户的这种自我保护行为是脆弱的，农户并不能“独善其身”。

在一个县的研究结果并不能代表全中国的所有农村地区，但本研究对治理中国的食品安全问题提供了一些启示。治理中国的食品安全问题需要加强从农田到餐桌的食物供应链上的每一个环节的监管，也需要关注和研究在不断增强的监管环境下每一个利益群体的应对和行

① 关秋艳：《云南省某县农村居民尿液、土壤、水体中农药残留及其与防护措施的关系研究》，硕士学位论文，昆明医科大学，2017。

为，需要从生态和系统的观点来设计“食品安全社会共治”的框架、策略和措施，考虑系统内部各个部分和不同系统之间的相互作用和影响，只有这样才有望做到食品安全社会共治，从根本上解决食品安全问题。

浅析双重身份下农民对食品安全的认知和应对策略

——基于云南两个农村社区的调查

王献霞* 张云熙*

摘要：在食品安全中，农民具有双重身份：他们既是食品的生产者，又是食品的消费者。本文基于云南两个农村社区的长期观察和140户农民的问卷调查数据显示：农业生产和食品消费的商品化使农民的食品安全日益受到外部的影响。但由于相关知识缺乏、消费水平低、消费能力较弱、市场监管空缺，农村的食品安全风险更大，形势更为严峻。然而，农民规避风险的行为存在严重的“己受益”而非“谋公益”的狭隘观念。这些行为不仅对水源、土壤、植被等农业环境造成破坏，农产品安全也受到危害，同时还让自身面临健康受损的威胁，使双重身份下的农民在食品安全中面临双重危险。

关键词：双重身份；农民；食品安全；认知及对策

Abstract: Farmers are both the producers and consumers of food, and as such have a dual role in food safety: they both generate risks and are exposed to them. Based upon a survey of the food production and consumption habits of 140 farm households and long-term research in two villages in Yunnan province, this study found that rural families are

* 云南省社会科学院农村发展研究所。

highly dependent on the market for food production and consumption. In their role as consumers, farmers are aware of food safety risks and concerned about them, but their ability to protect themselves is limited. They do so primarily by avoiding certain products and growing as much of their own food as possible. At the same time, in their role as producers, farmers engage in practices, primarily the overuse and inappropriate use of fertilizer and pesticides, that are damaging to food safety and the environment. There is therefore a disconnect in their roles as consumers and producers that needs to be addressed if policy goals for improving food safety and reducing the use of agricultural chemicals are to be achieved. Farmers need more information about food safety risks related to the products they consume themselves, and technical guidance on the safe use of farm chemicals when growing food for market. However, such measures will not be effective unless the external pressures on farmers are also addressed, through consideration of market incentives to use farm chemicals and the impact of consumer demand.

Key Words: dual identity; peasantry; food safety; perceptions and countermeasure

一、研究背景

（一）选题背景

食品安全事故的频发使全社会对食品安全问题的关注空前高涨。农村是食品的主要生产地和消费区域，农民是农产品的直接生产者和食品的消费者，农民的双重身份是农村食品安全的显著特点。基于这一特征，农民对食品安全的风险认知不仅影响其消费行为，而且也会影响其生产行为，从而影响到其所生产的农产品质量安全。而当前的研究均只侧重于农民的单一身份，而未考虑其双重身份[①]。因此，全面了解农民在生产和消费中对食品安全的不同认知差异，有助于进一步规范农村食品市场环境，进而促进农民身体健康，保障农村社会的稳定。鉴于此，本研究通过调查农民在生产农产品和消费食品的行为表现，分析生产消费的行为中农民对食品安全风险认知的现状及其特点，并在此基础上探讨改善食品安全风险沟通效果的措施。

（二）样本情况

为了更好地体现农民作为生产者和消费者的双重身份，作者选择了云南省的两个农村社区——燕子窝和侯家村作为调查点，并选取了 140 户农户做了详细的问卷调查。这两个村子不仅因为它们大量种植商品化的蔬菜和粮食，更因为作者曾在这里做了 10 年左右的跟踪研究。

表 1　调查点基本情况

基本情况	燕子窝	侯家村
农户 / 户	70	1613
人口 / 人	331	5721
人均纯收入 /（元 / 人）	12 800	11 560
人均耕地面积 /（亩 / 人）	2.89	0.50
农作种类	优质水稻、番茄、辣椒、制种玉米等	各类短期蔬菜，以叶菜类为主，水稻、烤烟等

问卷在两个村随机发放，共发放问卷 148 份，经检查 140 份合格，有效问卷率为 94.6%，其中男性 87 人，占调查样本总数的 62.1%，女性 53 人，占调查样本总数的 37.9%。该比例与云南省全省人口的男女比例相近（2014 云南全省总人口 4 713.9 万人，男性占 52%，女性占 48%）。

从调查样本年龄来看，主要集中在 40 ～ 50 岁，占调查样本总数

① 郑宇鹏、夏英：《食品安全问题研究综述》，载《中国食物与营养》2006 年第 7 期，第 15–16 页。

的 33.6%，此外有 27.1% 的人口集中在 30 ～ 40 岁。从调查样本的受教育程度来看，主要集中在初中，有 75 人，占调查样本数的 53.6%，小学受教育程度的有 34 人，占调查样本数的 24.3%。详情见表 2。

表 2　调查样本的人口学统计

变量	变量值	男		女		合计	
		频数	占比 /%	频数	百分比	频数	占比 /%
年龄	30 岁以下	9	6.4	8	5.7	17	12.1
	30 ～ 40 岁	27	19.3	11	7.9	38	27.1
	40 ～ 50 岁	28	20	19	13.6	47	33.6
	50 ～ 60 岁	16	11.4	12	8.6	28	20
	60 岁以上	7	5.0	3	2.1	10	7.1
文化程度	小学以下	5	3.6	5	3.6	10	7.1
	小学	22	15.7	12	8.6	34	24.3
	初中	45	32.1	30	21.4	75	53.6
	高中 / 中专	13	9.3	5	3.6	18	12.9
	大学及以上	2	1.4	1	0.7	3	2.1

二、食品安全中农民的生产和消费行为

（一）调查样本的资源条件

从家庭人口数来看，户均 4.7 人，其中人口最少为 1 人，最多的为 9 人。从家庭结构来看，主要以主干家庭和核心家庭为主，其中主干家庭占 42.9%，核心家庭占 42.2%。

从家庭的收入来看，户均年收入为 44 872.60 元，其中家庭年收入最低的为 3 000 元，最高的为 18 万元。每年用于食物消费的户均消费额 11 089.14 元，占总收入均值的 36.24%。通过进一步的相关分析发现，家庭用于食物消费的金额与家庭的总收入和家庭人口数存在正相关，其中家庭人口数与家庭每年用于食物的消费的相关系数为 0.388，家庭

的年收入与每年家庭用于食物的消费的相关系数为0.277。这表明家庭的人口数越多，家庭中用于食物的消费金额就越高；家庭的年收入越高，家庭中用于食物的消费金额就越高。

表3　家庭食物消费金额与家庭人口数和家庭年收入的相关分析

	家庭每年用于食物的消费金额	家庭人口数	家庭年收入
Pearson 相关性	1	0.388[①]	0.227
显著性（双侧）		0.000	0.007
样本量	140	140	140

（二）农户的生产行为

1. 农产品生产及流向

样本农户户均耕地8.35亩，主要种植水稻、玉米、蔬菜、水果等。其中，谷物的种植面积合计为600余亩，户均为4.31亩；蔬菜的种植面积合计为350余亩，户均为2.5亩。尽管蔬菜的种植面积较少，但是调查区域中蔬菜的种植周期一年可达3～4茬。主要蔬菜品种为：番茄、甜椒、各种豆类和叶菜。

经营形式以家庭经营为主。有120户农户为家庭自营，有4户农户完全将土地租赁给别人，仅有15户农户为“农户＋合作社”或“农户＋企业”的形式。

从农产品流向看，谷物的主要流向是自食和批发，其中51.57%的为自食，44.12%的为批发销售。蔬菜主要是用于销售，批发是其最主要的销售手段，80.36%的蔬菜通过不同途径的批发手段销往全国各地。详见表4。

表4　农户家庭农产品种植及流向情况表

种植种类	种植面积/亩	亩产/kg	自食比重/%	零售比重/%	批发比重/%	其他比重/%
谷物	603.61	707.43	51.67	3.82	44.12	0.44
蔬菜	354.14	2 507.68	12.99	6.58	80.36	0.00

① 在0.01水平（双侧）上显著相关。

续表 4

种植种类	种植面积/亩	亩产/kg	自食比重/%	零售比重/%	批发比重/%	其他比重/%
水果	81.50	114 800.00	68.72	13.74	11.12	2.88
油料	4.7	193.62	87.50	0.00	12.50	0.00
其他	13	61	0.00	0.00	100.00	0.00

2. 化肥使用情况

调查点的化肥使用呈现使用比例高、使用量多、使用种类繁杂的特点。样本户中 98.6% 的农户都在使用化肥，仅侯家沟的 70 户年使用化肥的数量总和为 91 799 kg（未进行标准化折算），每亩达 400 多 kg。而燕子窝村农户普遍使用的化肥多达 16 种。农民选购化肥时最看重的是化肥的功效（占 79.7%），其次是化肥的安全性（占 17.4%），选择价格因素的仅占 2.2%。很多农户尤其喜欢速效肥。在用肥的方法和标准上，56.4% 的农户凭借自己的经验，16.4% 农户选择接受“买化肥人的推荐”，还有 15% 的农户会根据产品说明书使用。只有少部分人（8.6%）会去询问“农业科技人员的意见”。尽管有 65% 的农户认为“化肥的使用会使土壤板结，会使农作物的口感变差”“会污染了星云湖的水质”，但大部分农民仍坚持使用化肥。他们认为：“化肥是作物的粮食，没有化肥作物怎么可能生长”“不用化肥会提高劳动力的成本，而且作物的生长速度也会降低”。

3. 农药使用情况

农户对农药的依赖更胜于化肥，且使用频率更高。所有 140 户样本农户都使用农药，35% 的农户 2 周打一次药，30.7% 的农户 1 个月打一次药，23.6% 的农户是 1 个季度打一次，还有 8.6% 的农户是 1 个星期打一次药。选择农药方面：40% 的农户依赖卖药人的推荐，36% 的凭经验选择，还有 22.9% 的依照产品说明书来选择。使用农药方面：69.3% 的农户首先看中药水的功效，其次才是用药的安全性。由于农户一味追求速效性，导致某些地方存在剧毒、高毒、高残留农药的现象，生产出的产品农药残留量超标。调查中就发现了 62 户农户目前还在使用国家禁止使用的农药，其中使用最多的是敌敌畏和乐果。

（三）农户的消费行为

1. 食品消费种类和结构

农村家庭食品消费以粮食为主，其次是蔬菜和水果。自己无法提供的加工型食品中，农村家庭消费较少。尤其是有过食品安全事故的食品类别，如奶制品和儿童食品，消费更少。

表 5　农村家庭食品消费的种类和结构

消费食品种类	消费户数	占总样本的比重 / %	人均年消费量估计 /kg
主粮	140	100	430.7
水果	140	100	212.0
蔬菜	140	100	194.0
肉禽蛋	140	100	——
水产品	133	95.00	——
豆制品	136	97.14	——
粮油面制品	138	98.57	——
奶制品	134	95.71	——
儿童食品	115	82.14	——
其他加工品	71	50.71	——

2. 食物消费途径

调查点的家庭食品获取途径有：自产、农贸市场、亲友赠送、超市、批发市场、小卖部、小摊贩和极少的网络订购。其中，最重要的途径是农贸市场，其次是自产和大型超市。从不同类型的食物看，农户的消费途径有所不同。粮食谷物类食品主要依靠自己生产，少部分从农贸市场购买。蔬菜、肉类、水果等则主要从农贸市场购买，其次是自己生产。而农户无法自己生产的食品，如奶制品、儿童食品等加工食品，尤其是在社会引起过较大反响食品安全事故的食品，农户首选的是大型超市购买。详见表 6。

表 6　农村家庭食品消费来源途径　　%

消费食品种类	自产	亲友赠送	大型超市	农贸市场	批发市场	网络订购	小卖部	小摊贩
主粮	63.93	0.71	5.36	27.21	0.86	0.00	0.71	1.14
水果	12.86	0.93	3.94	78.27	0.36	0.00	0.00	2.57
蔬菜	37.09	0.64	0.71	57.41	0.00	0.00	0.00	3.93
肉禽蛋	32.32	1.71	3.29	60.21	0.00	0.00	0.00	2.50
水产品	14.76	0.00	1.93	75.17	1.43	0.00	0.00	2.43
豆制品	16.86	0.14	3.50	75.50	0.00	0.00	0.00	2.29
粮油面制品	2.93	0.00	9.36	79.36	1.43	0.00	3.64	1.21
奶制品	9.86	0.50	48.93	33.09	1.43	0.71	0.32	0.00
儿童食品	1.57	0.07	43.82	29.86	1.50	0.00	4.82	0.00
其他加工品	1.43	0.00	22.00	7.57	2.29	0.00	15.93	2.10
合计	193.61	4.71	142.83	523.66	9.28	0.71	25.43	18.17

3. 食品消费中关注的主要因素

从调查数据看，农户最关注的是食品的生产日期和保质期，占调查样本数的 32.7%；其次是产品外观或是包装，占调查样本数的 13.5%；最后是食品的营养成分。无论是生产日期、保质期或是产品的营养成分都在一定程度上表示了食品的安全性，因此，农户在选购食品时最关注的是安全和健康。

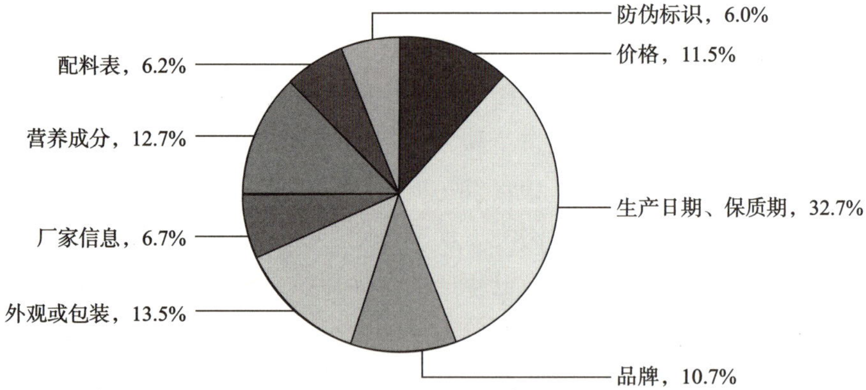

图 1　食物消费中关注的主要因素

三、农户对食品安全的风险认知

（一）对食品消费安全比较关注，对生产食品安全认知不足

调查显示，有 77.9% 的农户表示对食品安全非常关心。有 80% 的农户列举了他们了解的食品安全事件，主要为：三聚氰胺事件、地沟油事件、苏丹红、瘦肉精和“僵尸肉”事件。他们主要从电视中了解食品安全信息（77.1%）。但是，对于健康、安全农产品的生产质量监管体系——“三品一标”（无公害农产品、绿色食品、有机食品和农产品地理标志）却并不清楚。对于农业生产和食品消费的法律法规了解甚少。数据显示，一半左右的农户表示从未听说过《化肥使用环境安全技术导则》《农药管理条例》《新食品安全法》和《农产品质量安全法》。而了解农药使用标准的农户仅有 30%，有 70% 的农户只知道一点点，或是根本不知道农药使用知识，更有 21.4% 的农户不知道高残、剧毒农药是哪些。这就不难理解农户在使用化肥、农药的行为中的表现和选择了。

（二）认为食品总体安全，但加工食品安全堪忧

食品面临多种多样的危害，从总体情况看，绝大多数农户认为目前的食品处在一般安全的状态（表 7）。

表 7　农户对不同类型食品的风险认知

安全程度	频次	有效占比 /%
很不安全（0 分）	0	0
有些不安全（0 ～ 1 分）	7	5.0
一般安全（1 ～ 2 分）	83	59.3
安全（2 ～ 3 分）	50	35.7
非常安全（3 ～ 4 分）	0	0
合计	140	100

从食品的不同种类来看，被访者认为水产品安全度最高，其次是豆制品，再次是粮油米面。而安全程度较低的首先是儿童食品，其次是熟食制品，再次是其他加工食品，如土豆片、口香糖、调料等。样本农户对其主要种植的蔬菜安全度的认同程度较高，高于总体安全的平均分值。

从食物不同环节和链条看，农户认为食物经历的环节越多，越不安全。如总体安全等级较低的儿童食品和加工食品，由于其加工环节多，且不透明，因此有 62.9% 和 61.4% 的受访者都认为儿童食品的安全风险主要出现在加工环节。有农户表示："现在的很多儿童食品都是小作坊生产的，大多都是无证经营，乱用食品添加剂。"

（三）认为假冒、生长素、农药残留 3 大因素对食品安全危害最大

为调查农户对危害食品安全的因素认知，研究者将每类因素划分成 5 个危害等级：1 为危害程度最低，5 为危害程度最高。综合 140 户受访者的认知情况来看，在课题组列举的 9 类危害食品安全的因素中，农户认为假冒产品对食品安全的危害程度最高，平均分值为 3.74 分；其次是生长促进剂（3.41 分），再次是农药残留（3.38 分）。详见图 2。

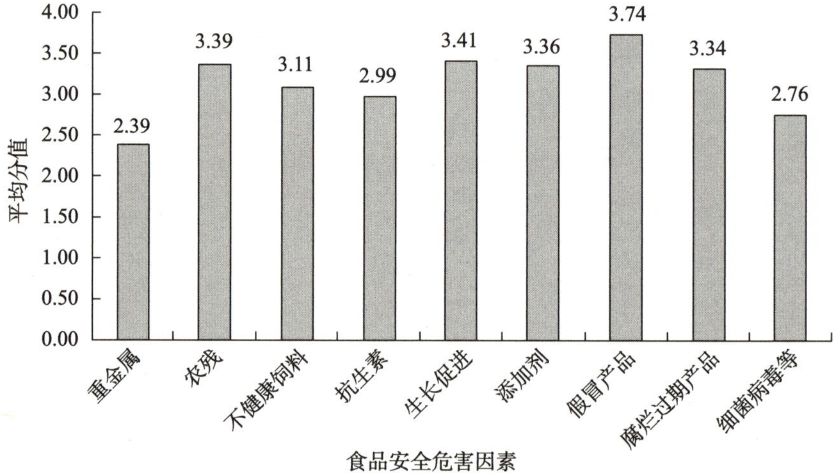

图 2　造成食品安全危害不同因素的平均分值

四、影响农户风险认知的因素分析

食品安全风险涉及健康问题，当人们面临各种可能遭遇的食品安全风险时，会根据自身的片面认识，来进行主观风险评估，从而采取相应的决策[①②]。这些决策不仅决定了全社会的食品消费偏好，还会形成食品消费意见，给食品行业造成舆论压力[③]。对于影响了人们的风险认知的风险特质，Slovic 等学者首先对其进行了深入研究。他利用因子分析方法对各种食品安全风险进行广泛研究。研究表明：人格特征、期望水平、风险沟通、风险的可控程度以及风险的性质等因素也会影响人们对风险认知[④]。

本研究将在 Slovic 的研究基础上，基于农民的双重角色对影响农户对食品安全风险认知的主要因素进行分析，研究采用二元 Logistic 模型分析。

（一）相关变量描述

农户对食品安全的风险认知度，主要参考农户对不同种类食品的安全度的认知指标测定。即 $y=1$ 表示对食品安全担忧，$y=0$ 表示对食品安全不担忧。统计结果显示有 55% 的受访者表示对食品安全的担忧，有 45% 的受访者表示不担忧。在自变量中 f_1 受访者的性别，f_2 表示受访者的年龄，f_3 表示受访者受教育程度，f_4 表示受访者的家庭收入，f_5 表示是否有未成年人，因为以往的研究表明，有未成年人的家庭，尤其是有儿童的家庭对食品安全的风险认知更为显著，f_5 表示农户食品

① 赖泽栋、杨建州：《消费者食品安全风险认知与风险规避行为分析》，载《福建农林大学学报（哲学社会科学版）》2014 年第 2 期，第 64–65 页。

② 杨柳、邱力生：《农村居民对食品安全风险的认知及影响因素分析——河南的案例研究》，载《经济经纬》2011 年第 6 期，43–44 页。

③ 胡卫中：《消费者食品安全风险认知的实证研究》，博士学位论文，浙江大学中国农村发展研究院，2010，第 19 页。

④ 刘金平、周广亚：《风险认知的结构：因素及其研究方法》，载《心理科学》2006 年第 2 期，第 371 页。

的主要来源，该指标既反映了农户的生产行为，即是否有部分农产品是由农户自己生产的，也反映了农户的消费偏好，由于部分食品大多数农户是无法自行生产的，因此该指标综合测量了农户日常消费过程中 10 类食物的来源，根据不同种类食物的来源情况，最终测定农户的食品的来源。对相关变量的描述如表 8 所示。

表 8　自变量的描述统计

变量	赋值	样本量	有效比例	变量	赋值	样本量	有效比例
性别	1= 男	87	62.1	家庭收入	具体数值		
	2= 女	53	37.9	是否有未成年人	1= 是	76	54.3
年龄	1=30 岁以下	17	12.1		2= 否	64	45.7
	2=30 ～ 40 岁	38	27.1	主要食品来源	1= 自产	45	32.1
	3=40 ～ 50 岁	47	33.6		2= 亲友赠送	10	7.1
	4=50 ～ 60 岁	28	20.0		3= 大型超市	13	9.3
	5=60 岁以上	10	7.1		4= 农贸市场	69	49.3
受教育程度	1= 小学以下	10	7.1		5= 批发市场	0	0
	2= 小学	34	24.3		6= 网络	0	0
	3= 初中	75	53.6		7= 小卖部	0	0
	4= 高中	18	12.9		8= 小摊贩	3	2.1
	5= 大学	3	2.1				

（二）回归模型及结果

建立影响农户对食品安全风险认知因素的函数表达式：

$$\ln\left[\frac{p(y)}{1-p(y)}\right]=\beta_0+\beta_1 f_1+\beta_2 f_2+\beta_3 f_3+\cdots+\beta_i f_i$$

式中：β_0 为回归方程的截距，β_i 为回归系数，f_i 表示影响因素，采用似然比前向逐步回归（Forward: LR）方法引进变量。

表 9　Logistic 回归模型变量参数

	β	S.E.	Wald	df	Sig.	Exp(β)
f_1（性别）	1.514	0.448	11.444	1	0.001	4.545
f_3（受教育程度）	0.629	0.281	4.995	1	0.025	1.875

续表 9

	β	S.E.	Wald	df	Sig.	Exp(β)
f_4（家庭收入）	0.000	0.000	10.648	1	0.001	1.000
f_6（主要食品的来源）	0.463	0.150	9.523	1	0.002	1.588
常量	−6.163	1.251	24.253	1	0.000	0.002

从回归模型和表 9 中可以看出，在拟认为影响农户对食品安全风险认知的 6 个因素中，受访者的年龄和家庭中是否有未成年人并没有对风险认知造成影响。对食品风险认知产生影响的因素只有 4 个，按照影响程度大小来看，依次是性别、家庭收入、主要食品的来源和受教育程度。

从回归模型的结果来看，性别对食品安全风险认知的影响程度最为显著。通过进一步的分析来看，女性对食品安全风险的担忧高于男性。

从相关分析来看，家庭收入与食品安全的风险认知呈正相关。即家庭收入越高，农户对食品安全的风险认知越高，农户越关注食品安全的问题。食品主要来源途径的不同对食品安全风险的认知也会有影响，通过分析发现，农户对自我生产的食品安全性较为认可，而对在路边摊或是小卖部购买的食品的安全性存在担忧。

（三）分析结果阐述

1. 农户的个人因素对食品安全的风险认知有影响

本研究的结果表明，在农户的个人因素中性别和受教育程度对食品安全的风险认知有显著的影响。女性对食品安全风险的担忧高于男性。在调查中发现，在调查的 53 名女性受访者中有近 70% 的农户表示对食品安全问题担忧，而调查的 87 名男性受访者中仅有 50% 的农户表示对食品安全的风险有过担忧。由此可以看出，女性在家庭中负责烹饪食物的传统角色定位使其经常接触食物，这有可能使女性更加关注食物的质量安全，因而增加了其食品安全风险认知的敏感性。

此外，受教育程度较高的农户对风险的认知更充分。受教育程度较高的公众对特定风险事件的相关知识了解得相对比较全面，对该事件结果的认知能够客观地知觉，或者能够接受多个而不是单一方面的信息，并能够辩证地看待和评价风险事件对自己和对社会的影响以及有适当的行为反应。

2. 收入水平影响农户对风险安全的认知

相较于低收入的群体，高收入人群对食品安全的关注度更高，从而对食品安全事件所带来的风险认知也就越发关注。因为高收入的群体有更多的选择食物品质的余地，高收入群体对于食品的安全性已经从吃饱到吃好和吃得健康发展，因此这部分群体，更加关注食品的营养成分、食品的品质、如何合理地搭配食物。

3. 对风险的可控性和风险的熟悉性会影响风险认知

处在风险情景中的个体，对风险的可控程度影响他们对风险的认知。当个体可以控制他们的行为或事物互动的结果时，个体是属于收益取向的，即重视可能的好处更胜于避免可能的损失；而当个体无法控制结果时，个体是属于损失取向的，即重视可能的损失更胜于可能的好处①。

对于该观点，可以从农户的主要食品来源上得到很好的佐证。调查发现，当农户认为该风险是可控的，那么他就认为风险度较低；而如果风险是不可控的，农户普遍认为风险度较高。以农户普遍种植的蔬菜为例，在调查的140户中有46户受访者日常食用的蔬菜主要来自自家种植，而在自家种植的46户农户中有36户农户认为蔬菜是安全的。这部分农户的观点是："自家种的蔬菜，知道施了哪些肥，知道是哪天打的药，所以可以放心地吃。"甚至有农户表示："自家吃的菜，从不施化肥，农药打得也很少，吃起来放心。"调查中84户农户，日常食用的蔬菜主要是从农贸市场购买，在这84名受访者中，仅有31%的农户认为从农贸市场买来的蔬菜是安全的，因为他们不清楚蔬菜存在着何种风险。再从农户认为风险程度较高的加工食品来看，调查中农户日常食用的加工食品，如口香糖、土豆片、调味料等大多数是从超市或是小卖部购买。无论是从超市还是小卖部购买，农户都认为这些食品的风险

---

① 刘录民、侯军歧：《食品安全概念的理论分析》，载《西安电子科技大学学报（社会科学版）》2008年第4期，第56–67页。

程度较高，尤其是小卖部出售的食品的质量安全难以得到保障。农户普遍认为相对小卖部而言，超市里出售的食品在进入市场时会经过较为严格的质量检测，因此食品安全性能够得到相对的保障。

以上案例说明，风险是可控的，那么农户就认为风险度较低；而如果风险是不可控的，农户普遍认为风险度较高。还说明了农村居民对安全食品的来源信息了解得越透彻，对安全食品的购买会越强烈，跟踪安全食品、提供安全食品的各链接处信息会有效地提高对安全食品的购买。而对于农民来说，由于自己可以直接生产农产品，因此，在食品的种类和消费量上，农民更偏重于选择自己生产或周边农民生产的农产品。在不能生产时，才会选择购买食品。这一结论在农民的规避行为的专题研究中得到了印证。

五、农户的规避食品安全风险的行为及策略

（一）尽量消费自认为安全的食品

通过调查了解到，农户规避风险的主要措施是购买时注意食品的生产日期和保质期，占调查样本数的 30.9%；其次是尽可能吃自家生产的食品，占调查样本数的 21.3%；再次是在大型超市购买食品，占调查样本数 15.6%。详见图 3。

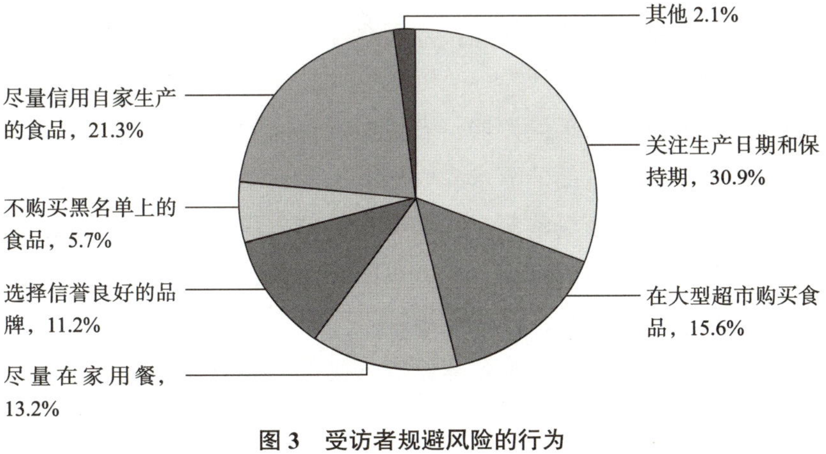

图 3　受访者规避风险的行为

（二）减少或不消费热点问题食品是农民规避风险的普遍行为

在调查期间，“僵尸肉”事件吵得沸沸扬扬，燕子窝所在的区域是“僵尸肉”的主要集散地，当地农民不仅听到了有关消息，有部分农户甚至看到了分销的情景。那段时间，当地农民不仅减少了喜爱的烧烤消费，还拒绝去吃牛羊肉米线。因为，他们认为，这些便宜的米线馆和烧烤摊就是“僵尸肉”的主要销售点，他们无法杜绝问题食品，只能减少或不消费。

（三）开辟私房菜地是农民规避食品安全风险的无奈行为

调查中发现，农户不仅高度肯定自产自食的食品，还积极开辟私房菜地。数据显示：有 70% 的农户认为自己种的食品是安全的，有 71% 的农户开辟了私房菜地。私房菜地是指专门供应自家蔬菜食用的菜地。私房菜地几乎不用农药，使用农家肥料。有农户表示：“尽管其生长缓慢，外观不好，但是蔬菜的品质和口感好，对身体没有伤害，吃着放心。”

六、结论及启示

（一）结论

1. 市场购买已成为农村居民获得食品的主要途径，且更为关注食品的安全性

随着农村经济水平的发展，农民对于食品的需求不断多元，而为了满足农民对多种食品的需求，农村居民的食品来源已经从以往的自给自足逐渐转变为市场购买。在购买食品的过程中，农户从满足量的需求转换为追求食品的健康，调查表明在选购食品时村民重点关注食品的生产日期、保质期、营养成分等。

2. 女性、受教育程度高、家庭收入高的群体对食品安全风险认知更多

数据显示：农户的个人因素中性别和受教育程度对食品安全的风险认知有显著的影响。女性对食品安全风险的担忧高于男性。受教育程度较高的农户对风险的认知越充分。相较于低收入的群体，高收入人群对食品安全的关注度更高，从而对食品安全事件所带来的风险认知也就越发的关注。此外，处在风险情景中的个体，对于可以控制的风险，认为其风险水平低；反之，则认为较高。

3. 有组织的生产经营更有助于控制农产品质量

相比较一家一户零散的农户自营方式，有组织的生产更能控制农产品的质量。尤其是在农产品的标准化生产、农药的科学使用等方面都有优势。调查中我们发现：燕子窝村的农户种植优质水稻时由合作社进行病虫害统一防治的水稻，在农药喷洒次数上就少了 1 ～ 2 次，且水稻产量还更高。而由家庭独自承担打药工作的水稻，不仅次数增加，农药种类也要多 1 ～ 2 种。

4. 农户规避风险行为具有严重“己收益”的狭隘性，并使自己陷入双重威胁

调查显示，有 20% 的农户遭遇过食品安全事件，但大多数农户都是自认倒霉不去追究，仅有 10.3% 的农户要求换货赔偿，有 3.4% 的农户表示要投诉举报。虽然，在作为消费者时，认为农药残留对食品的危害非常大，但是为了保障自己生产农产品的收益依然频繁地使用农药。并为了规避风险，尽量减少在市场上购买蔬菜，转而开辟私房菜地，种植专供自家的农产品。这些行为都存在着严重的“己受益”而非“谋公益”狭隘观念。其实，农户的这些行为看似保障了自己的健康和利益，但是却忽视了自己在这一行为中受到双重威胁。一方面，在农户生产商品性食品的过程中，对当地的水源、土壤、植被等农业环境造成破坏，同样会让生于斯的自身面临健康的威胁。另一方面，由于食品商品化的加剧，农户不可能生产所有自己消费的食品，所谓“以所不欲，勿施于人”，如果人人都以“己受益”为前提，食品安全问题将越来越严重，农民也不可避免地受到伤害。

（二）启示

为提高农村食品安全水平，首先，要加强对农户食品安全知识的普及力度。在宣传中，应该考虑农户个体特征，尤其发挥女性、受教育程度较高、家庭经济状况较好群体的积极性，创造合理的机制，鼓励她们对农村的食品安全进行自我监督。在宣传中，充分利用电视媒体引导村民了解食品安全知识，提高生产经营者的法制意识和食品安全意识，达到提高食品质量的目标。其次，加强对农资市场监管，引导农户正确选择和科学施用农药，在农药品种选择上选用低度生物农药，在施用过程中引导农户科学配比和规范操作，降低农药残留风险和施药人员健康风险。最后，建立食品安全追溯机制，可以使食品生产的各部门、各环节之间加强信息的交流与沟通，从而避免被污染的食物流转到下一个生产环节，确保食品的安全性。同时，消费者在购买食物的时候，从食物的包装上可以准确了解食物的来源信息，增加消费者对其购买食品的信息量，提高其对安全食品的认可度。

广州大米的镉含量调查分析及其对弱势群体健康风险的探讨

陈能场* 张晓霞* 郑煜基*

摘要：近年来，大米中镉含量及其安全问题引起了政府、公众和科学家的高度重视。本文以广州为调查地点，通过从市场商店和高、中和低收入群体的采购获得了125个大米样本，分析了这些样品中的镉和锌等重金属及其健康风险。结果表明，在调查的样本中，25.6%大米含镉超标，籼米含镉量较高。另外，我们对不同收入群体进行了问卷调查，以评估其在大米中镉风险的暴露情况及其规避风险的途径。结果表明，低收入群体面临着较高的镉风险，公众迫切需要获得关于大米中镉的科普知识。

关键词：大米；镉；广州；风险；不同收入群体

Abstract: In recent years, excessive levels of cadmium (Cd) in rice have been a focus of attention of the government,the public and scientists. In Guangzhou rice is a staple food for most citizens and understanding the level of Cd and other heavy metals in rice is important for food safety and health. Consumers in different income groups purchase rice from various sources at different prices but we know little about the relationship between price and safety. At the same time, the presence of zinc (Zn) can also affect the level of risk from Cd in rice and so affect food safety. This study offers a preliminary

* 广东省生态环境技术研究所，广东省农业环境综合治理重点实验室，广州，510650。

exploration of interactions between price, safety and nutritional quality. 125 rice samples were collected from markets and from the homes of high-income, middle-income and low-income groups in Guangzhou city, and were tested for the content of Cd and Zn. The results showed that 25.6% of the rice samples contained Cd in excess of the national standard, with higher levels of Cd in Indica rice than in Japonica. At the same time, we designed a questionnaire survey for groups with different incomes to assess their exposure to risks from rice with Cd and their perceptions and sources of information about risks. The survey showed that, as a whole, the low-income group faces higher risks from rice with Cd, and that there is strong public demand for scientific information about Cd in rice.

Key Words: rice; cadmium; Guangzhou; risk; groups with different income

一、前言

作为植物和动物的非必需元素，镉不仅能抑制植物的生长发育，而且还可以经过食物链等形式进入动物和人体内，对人和动物产生毒害作用。世界卫生组织建议每人每天摄入的镉不应超过68 μg①。在日本，非污染区人群每人每天摄入的镉为35 ～ 50 μg，而镉严重污染区可达400 mg②。人体摄入高含量镉的食物可能导致发烧、肾功能不全（蛋白

① World Health Organization. 1989. "Evaluation of Certain Food Additives and Contaminants .Thirty-Third Report of the Joint FAO/WHO Expert Committee on Food Additives ", *WHO Technical Series*, no.837.Geneva.

② Frieberg L, Elinder CG, 1988. "Cadmium toxicit y in humans[A]" . In: Prasad AS.(ed). Essential and Toxic Trace *Elements in Human Health and Disease* [C].New York: A R Liss, pp. 559- 587.

尿）、肺损伤（肺气肿）、鼻炎和慢性支气管炎①。因此，过去几十年来土壤和作物由于镉含量的增加，引起了人们的高度关注②。

由于大米是亚洲人的主食，大米中镉的含量可能会对公共健康产生影响。在日本，从大米中的镉摄入量与人体健康之间的关系得到了大量的研究表明，在镉污染地区，为了不对人体健康带来负面影响，大米的镉含量不得超过 0.2 mg/kg。

Nogawa 等③在日本梯川流域的镉污染调查的结果表明，大米的安全镉含量为 0.08～0.13 mg/kg。男性和女性的基准剂量下限值（BMDL）分别为 0.25 mg/kg 和 0.24 mg/kg（β_2 – 微量蛋白）。Osawa 等④的回顾性研究表明，大米镉的允许浓度为 0.05～0.20 mg/kg⑤，Watanabe 等⑥的结果为 0.13～0.17 mg/kg，Nakashima 等⑦推导的结果是不能超过 0.29 mg/kg；Nogawa 等⑧回顾性分析了从 1971 年到 1976 年，神通川

① Nogawa K, Kido M, 1996. "Itai-itai Disease and Health Effects of Cadmium", In: Chang, L.W. (Ed.), *Toxicology of Metals*, CRC Lewis Publishers, NY, pp. 353-370.

② Jones K C, Symon C J and Johnston A E, 1987. "Retrospective analysis of an archived soil collection II. Cadmium", *Sci. Total Environ.* 67, pp. 75-89.

③ Nogawa K, Kobayashi E, Okubo Y and Suwazono Y, 2004. "Environmental cadmium exposure, adverse effects and preventive measures in Japan", *BioMetals* 17, pp. 581-587.

④ Osawa K, Kobayashi E, Okubo Y, Suwazono Y, Kido T, Nogawa K. 2001. "A retrospective study on the relation between renal dysfunction and cadmium concentration in rice in individual hamlets in the Jinzu River basin. Toyama Prefecture, Japan", *Environ Res* 86(1), pp. 51-59.

⑤ Nogawa K, T Kido, M Nishijo, H Nakagawa, Y Suwazono. 2015. Benchmark dose of cadmium concentration in rice for renal effects in a cadmium-polluted area in Japan. Journal of Applied Toxicology: JAT. 35 (1): 24-8.

⑥ Watanabe Y, Kobayashi E, Okubo Y, Suwazono Y, Kido T, Nogawa K, 2002. "Relationship between cadmium concentration in rice and renal dysfunction in individual subjects of the Jinzu river basin determined using a logistic regression analysis", *Toxicology* 172 (2002), pp. 93-101.

⑦ Nakashima K, Kobayashi E, Nogawa K, Kido T, Honda R, 1997. "Concentration of cadmium in rice and urinary indicators of renal dysfunction", *Occup Environ Med* 54(10), pp. 750-755.

⑧ Nogawa K, Sakurai M, Ishizaki M, Kido T, Nakagawa H, Suwazono Y, 2017. "Threshold limit values of the cadmium concentration in rice in the development of itai-itai disease using benchmark dose analysis", *J Appl Toxicol* 37(8), pp. 962-966.

流域的 88 个村庄 2 446 个水稻样品。每个村庄的水稻平均 Cd 浓度被用作村庄全部人群外部 Cd 暴露的指标。采用从可利用的 55 个村庄得到痛痛病或疑似痛痛病的发病率。作为阈值，大米镉浓度或疑似疾病的镉浓度估计 BMDL 分别为 0.62 ～ 0.76 mg/kg 和 0.27 ～ 0.56 mg/kg。女性的 BMDL 为 0.27 mg/kg。除了日本之外，越南也有研究表明，当目前 WHO 标准的大米镉含量 0.4 mg/kg, 无法确保体重低的越南人的健康[①]，而我国疾控中心在韶关马坝的镉污染区调查表明，大米镉应当控制在 0.16 mg/kg（个人交流）。可见由于镉的毒性强，要保证公众健康不受损害，大米中的镉含量要求很低。

进入 21 世纪以来，镉大米问题开始在中国成为一个社会、经济和健康问题。早在 2002 年农业部的调查表明，所调查的中国大米镉超标（mg/kg）率在 10% 左右，随后在 2006 年南京农业大学的市场调查也有类似的结果，但这些数据因为传播途径不畅而少为人知[②]。到了 2009 年南方报系开始注意到了流向广东的大米的镉超标问题，而到了 2011 年财新网发表《镉米杀机》, 终于让大米的镉超标及其健康风险问题引起了政府和社会的广泛关注。2013 年是“镉大米”年，先是 2 月份《湖南问题大米流向广东餐桌》吸引了社会大众的眼球（南方日报，http://epaper.southcn.com/nfdaily/html/2013-02/27/content_7168346.htm）， 而到 4 月份广东食品药品监督管理局公布所调查的 18 批大米的镉超标率 为 44.7%（http://www.gdda.gov.cn/ publicfiles/business/htmlfiles/jsjzz/index.htm）。在公众的压力下，广东较为彻底地调查了市场大米的镉安全状况，结果为镉大米主要来自湖南，且整体超标率为 35% 左右。目前市场上到底镉含量情况如何？对于不同群体的健康风险有多大，尚不得而知。

---

① Minh ND et al., 2012. “Assessing dietary exposure to cadmium in a metal recycling community in Vietnam: Age and gender aspects”, Science of the Total Environment 416, pp. 164-171.

② 甄燕红、成颜君、潘根兴、李恋卿：《中国部分市售大米中 Cd、Zn、Se 的含量及其食物安全评价》，载《安全与环境学报》2008 年第 8 期，第 119-122 页。

相比于其他食物，大米具有低锌低铁的特征[①]。对比世界上其他地区，如英国的 Shipham 镉污染区，人们发现，日本的神通川的土壤的大米镉含量并不高，但其长期食用造成了当地多胎生育的营养不良以及老年女性的“痛痛病”。其原因在于一方面来自大米的镉的大量摄入，另一方面因为贫困，营养结果单一、身体营养状况差，导致摄入的镉大量地被人体吸收并积累[②]。

随着经济发展，中国贫富分化严重，富有阶层可通过各种途径获得较为“安全”的食品，但弱势群体以及镉敏感人群在食物链镉污染面前无能为力，知识的贫乏、信息的短缺以及食物选择范围的狭窄等将使得这些人群成为镉大米的高风险人群。

本文“市场大米的镉含量调查分析及其对弱势群体健康风险的探讨”，分析了广州市场的大米的镉含量状况及其对公众，尤其是弱势群体的健康风险。研究结果旨在为科学传播、市民的镉风险规避的措施建议等提供依据。

二、方法

本项目采用两种样品采集方法：1）广州社区居民家中采样，即选取低收入（流动人口）、中等和高收入 3 个社区分别采样，原则上各 1/3）在进行有效采样的情况下分期（3 批次 /3 个月）获得一定量的数据即大米 60 份（3 批次 ×2 类型 ×10 份 / 类型），鉴于大米中锌、铁含量对于大米重金属风险的抑制作用，进行了大米镉、锌、铁的测定，并对市民和城中村居民进行食用量、品牌等的问卷调查，所获得数据对本年度广州市的大米镉的健康风险进行评估；2）在分析广州大米

① Chaney RL, Ryan JA, Li YM and Brown SL, 1999. “Chapter 9 Soil Cadmium as a Threat to Human Health” , In: McLAUGHLIN M and SINGH B R (eds.), Cadmium in Soils and Plants Developments in Plant and Soil Sciences, V 85. Kluwer Academic Publishers. 85, pp. 219–256.

② Chaney RL, Angle JS, Mcintosh MS, et al., 2005. “Using hyperaccumulator plants to phytoextract soil Ni and Cd” , *Zeitschrift fur Naturforschung. C, A Journal of Biosciences* 60c, pp. 190–198.

超市、农贸市场分布的基础上，从超市、农贸市场和餐厅收到大米 65 份，记录大米购买位置、价格、可能产地、进货渠道、销售渠道等，分析不同价格大米中镉、锌等含量的分布，从餐桌倒推居民的食品安全风险，从而更清晰地了解不同居民群体的大米采购来源，判断居民收入 / 阶层与食品安全风险之间存在相关性。

大米处理方法参考 GB 5009.15—2014《食品安全国家标准 食品中镉的测定》和 GB 5009.14—2017《食品安全国家标准 食品中锌的测定》，重金属检测采用电感耦合等离子体发射光谱法（ICP-AES, Perkin Elmer DV3300）。

三、结果分析

（一）大米镉含量及其风险评估

目前中国规定的大米的镉含量标准为 0.2 mg/kg [①]，WHO [②]、日本 [③] 和中国台湾地区执行的标准为 0.4 mg/kg。

在 125 个大米样品中，28 个是粳米，97 个是籼米，后者样品数量为前者的 3.46 倍，表明广州市面上的大米类型主要来自是南方稻区生产的大米（籼米），中部和北方地区生产的大米（粳米）较少，籼米是广州市民的主食。

图 1 显示了所测定的大米中镉含量状况。大米中最低的镉含量为 0，低于检测限。最大镉含量为 1.041 mg/kg，大约 1/3 的大米样品的镉含量很低。但在这些样本中，有 25.6% 超过了现行的 GB2762—2017 卫生标准（0.20 mg/kg），其中 5.6% 超过世界卫生组织镉标准（0.4 mg/kg）。可以看出，广州市场上大米的镉含量可能带来的健康风险不容忽视。

---

① GB2762-2012. Maximum levels of contaminants in food. Chinese Food Standards Agency.

② Codex. Codex general standard for contaminants and toxins in foods. http://www.mhlw.go.jp/shingi/2008/07/dl/s0708-3c.pdf2008. [CODEX STAN 193-1995, Rev.3-2007].

③ Notification No. 183, Japanese Ministry of Health, Labor and Welfare, 2010.

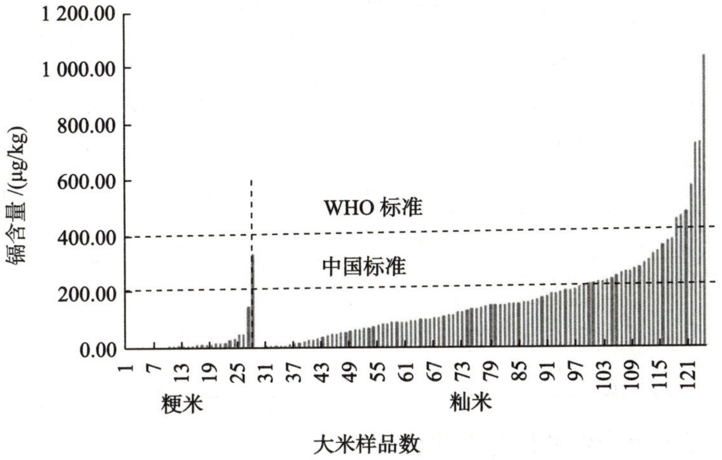

图 1　样品大米中的镉含量

不同类型的大米中的镉含量差别很大，图 1 的数据表明，粳米中的镉含量普遍较低，籼米中的镉含量较高，即使镉含量不超过卫生标准的情况下，籼米通常也含有较多的镉。粳米和籼米的平均镉含量分别为 0.03 mg/kg 和 0.18 mg/kg，均不超过 GB2762—2017 卫生标准。但在所有的样品中有 25.6% 的样品超过了这个标准，其中 32% 的籼米样品超过该标准，这表明籼米中镉的含量远高于粳米。比较两种大米，发现目前市面上的大米中，粳米更安全，籼米的健康风险较高。

（二）大米采集模式及其风险

在收集的 125 份样本中，56 份来自不同来源（表 1）。表 1 显示了来自不同来源的大米中镉的水平差异很大。通常情况下，朋友赠送的大米是最安全的，其次是大米店和超市的大米，网上购物和运送小商店的大米样品含镉量较高。

表 1　不同来源的大米样品中镉含量

来源	平均值 /(μg/kg)	最大值 /(μg/kg)	最小值 /(μg/kg)	样本数
超级市场	88.4	383	0	36
大米商店	199.9	239.8	154.7	3
农贸市场	217.2	457.8	0	7
批发市场	223.6	223.6	223.6	1
小店送货	171.5	471.8	43.9	5
网购	520.5	1041	0	2
赠送	88.2	164.4	12	2

（三）大米中其他元素的含量

在 125 个大米样品中，锌（Zn）的含量范围为 9.20 ～ 22.3 mg/kg，平均值为 15.93 mg/kg；铜（Cu）含量为 62.04 ～ 247.2 mg/kg，平均值为 108.44 mg/kg；硒（Se）的含量范围为 24.12 ～ 109.14 μg/kg，平均值为 55.57 μg/kg。目前，富硒米是市面大米的一个卖点。在本次测定中，个别样本的硒含量很高达 1 258.47 μg/kg，远远超过了 100 μg/kg 的安全标准，反而成为硒污染的大米。

在 125 个样品中，铬（Cr）的含量为 0 ～ 3.50 mg/kg，并且 17% 含有高于标准的铬；铅含量为 0.03 ～ 2.19 mg/kg，6 个样品或 4% 铅含量超标。

有研究表明，当食物中镉含量与锌含量的比值小于 0.015 时，锌等元素将有效地保护人类健康。根据图 2，单从大米的镉含量来判断，在 125 个样品中，不安全的大米占比为 25.6%，如果将大米中的锌含量纳入大米的安全性进行考虑，从镉含量 / 锌含量小于 0.015 来看，则较不安全的大米的比例为 22.4%。也就是说，当大米含锌量低时，即使镉小于 0.20 mg/kg，其镉含量 / 锌含量大于 0.015，这种大米也不安全。另外，大米的锌含量较高时，即使大米中的镉高达 0.24 mg/kg，其镉含量 / 锌含量仍低于 0.015，则其安全性依然很好（图 3）。

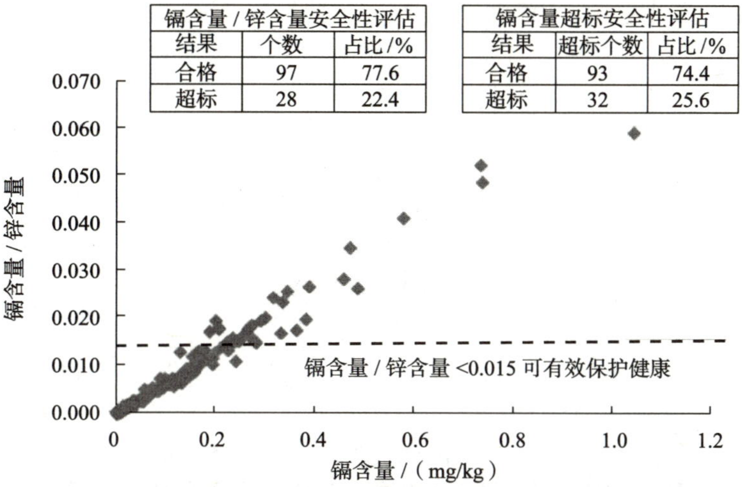

图 2　样品大米中镉含量与锌含量的比值与镉含量之间关系的点状图

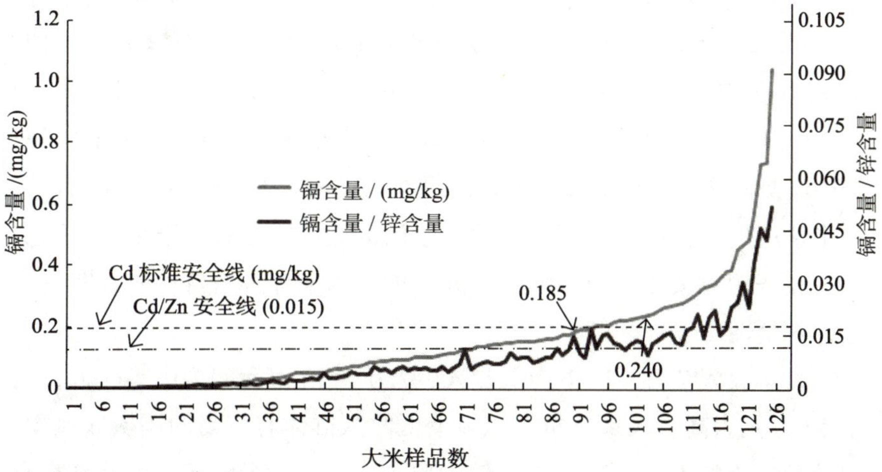

图 3　样品大米中镉含量与锌含量的比值同大米中镉含量之间关系的曲线图

（四）不同群体大米中镉的风险

在 60 份答卷中，80% 的人以大米为食，处于便利性考虑，75% 的调查者从超市采购大米，购买的大米主要是籼米；一般做法会进行 1 ～ 2 次淘米，目的在于除去杂质。

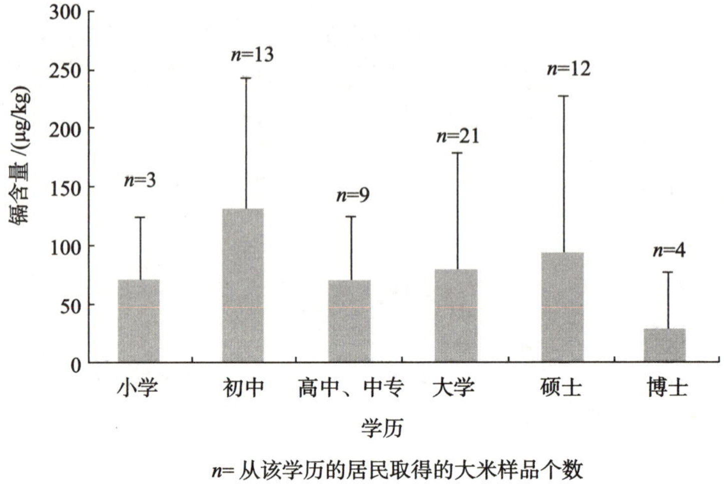

图 4　样品大米涉及人群的学历与大米中镉含量之间的关系

在 62 个有学历信息的大米样本中，图 4 表明，博士学历的人群（*n*=4）食用大米最为安全，而初中学历（*n*=13）和硕士学历（*n*=12）的人群食用大米的安全性低于小学学历人群（*n*=3），高中和中专（*n*=9）和大专和大学（*n*=21）的安全性居于小学人群和硕士人群之间，初中学历和硕士学历的安全性较高可能与这两个人群的经济状况有关，初中学历的人大都是蓝领，而硕士学历的人群毕业后忙于结婚、购房等，经济相对紧张。而小学学历人群的大米来源多为自种或者朋友互送，安全性比较有保障。

以年收入 7 万元以下为低收入、7 万～ 14 万元间为中等收入，高于 14 万元为高收入来分析，总体上低收入群体有较高的镉摄取风险，而较低学历的人通常膳食结构较为单一，食用大米较多，风险性将有所提高，如图 5 所示。虽然价格高的米是不超标的，超标的米是价格低的，最贵的米镉含量是最低的，但是在价格低的大米之中也存在着镉含量不超标的米（如图 6 所示）。

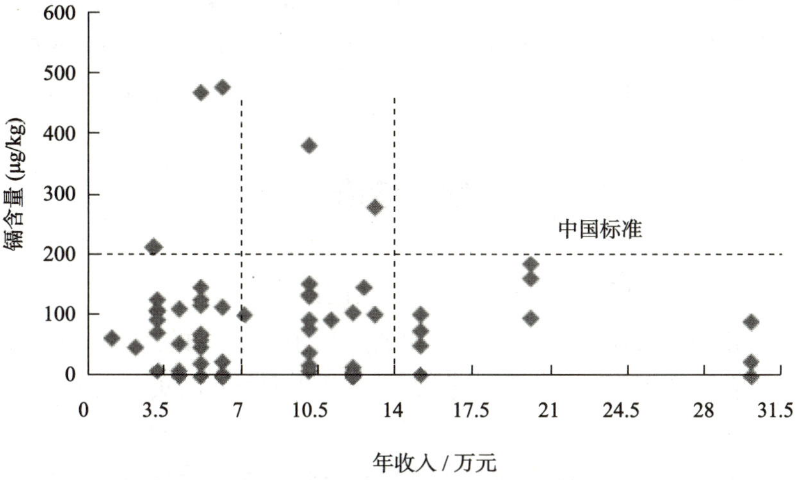

图 5　样品大米涉及人群的年收入与大米中镉含量之间关系的点状图

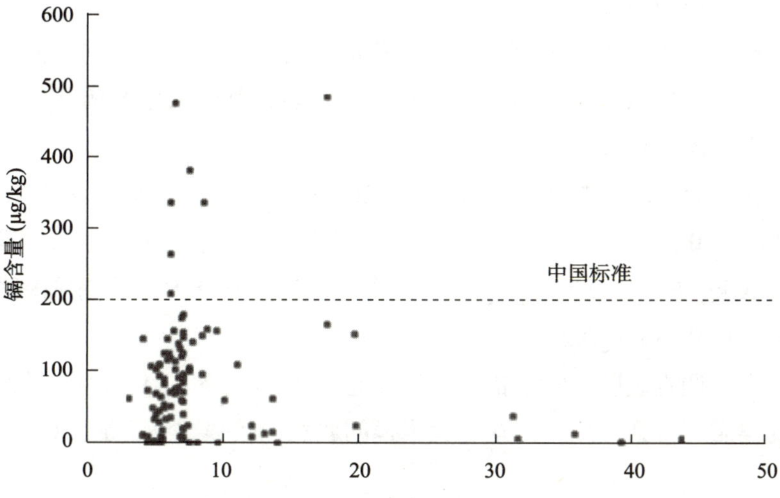

图 6　样品大米的价格与大米中镉含量之间关系的点状图

（五）对大米安全知识的需求

在对重金属污染的认知方面，67% 的人主要通过电视、报纸和网络了解到镉大米的含义和危害，77.55% 的人担心现在食用的是“镉大米”，约 80% 的人知道镉大米来自有工业或水源污染的地方。

近 100% 的调查者渴望有与大米镉相关的饮食安全方面的一些指引，近 90% 的人想参加一些有关镉在大米或其他食品安全方面的知识讲座。

四、结论

基于以上分析，本文得出的主要结论如下：

问卷调查表明，地处南方广州的居民中有 80% 的人以大米为食，出于便利性考虑，75% 的调查者从超市采购大米，购买的大米主要是籼米。

从 125 份来自不同途径的大米样品分析表明，广州大米镉超标率为 25.6%，籼米超标率为 32%，而 80% 的居民是以籼米为食，凸显广州大米食用的镉风险。

虽然各类不同群体都对大米的镉问题有一定的风险认识，但限于经济原因，低收入群体有较高的镉摄取风险；其中初中学历和硕士学历的人群风险较大。

将 Zn 纳入镉风险评估时，0.20 mg/kg 的安全标准发生漂移（0.185 ～ 0.24 mg/kg）：当大米中锌含量高时，大米的风险性从标准的 0.20mg/kg 提高到 0.24mg/kg ；当锌含量低时，标准大米的镉风险降低为镉含量 0.185 mg/kg。

样品调查表明，除了镉外，铅（超标 4.8%）、铬（17%）以及污染区的镍需要得到关注；公众对大米镉问题意识较强，渴望加强科普。

福建西芹水厂水源地周边农村环境治理公众参与行为

苏时鹏* 李鑫* 黄安胜* 孙小霞*

摘要：公众参与既有利于提高环境治理举措的针对性和有效性，又有利于保护公众基本环境权利，满足其实际生计需要，是提高水源地周边农村环境治理综合成效和社会认可度的重要途径。水源地周边农村环境治理公众参与行为是一个复杂的环境行为，是参与意愿的行动表征，同时受心理认知因素、环境规制因素和内外部条件等的综合影响。论文构建了农村环境治理公众参与行为理论框架模型，并基于福建西芹水厂水源地周边农村144个农户和17个村委调查数据进行案例研究。结果表明：公众参与意愿高但实际参与行为发生少，村民畜禽养殖污染治理支付意愿村际差异较大，生活垃圾集中处理的公众参与行为个体差异较大。水源地周边农村环境治理公众参与行为不仅取决于其行为意向，还受心理认知、内外部条件及政府管制等因素的影响，其中内外部条件往往更为关键。性别、环保认知和对政府环境管制的感知是影响农户对畜禽养殖污染治理的支付意愿的关键因素。个人环保素质、环保设施条件和环境服务质量对农村生活垃圾集中处理的公众参与行为具有显著影响。

关键词：水源地；农村环境治理；公众参与；支付意愿；垃圾处理行为

* 福建农林大学可持续发展研究所，福建福州，350002。

Abstract: Public participation in rural environmental governance in water source areas is characterized by complex behavior and is dependent on public willingness to participate. Amongst other factors, it is subject to the combined influences of both internal (psychological cognition) and external (environmental regulation) conditions. This paper builds a theoretical framework for understanding public participation behavior in rural environmental governance, and uses it to analyze a case in the rural area surrounding the Xiqin Water Works in Fujian Province. In the case study, the public shows high willingness to participate, but low actual rates of participation. At the same time, the willingness of villagers to pay for the control of pollution from livestock and poultry breeding varies greatly from village to village, and there are also noticeable individual differences in public participation in the use of public collection points for rural household waste. We found that gender, understandings of environmental protection and perception of environmental regulation, play a key role in influencing the willingness of farmers to pay for the control of pollution from livestock and poultry breeding. Individual awareness of environmental protection, environmental protection facility conditions, and environmental service quality had a significant influence on public participation in the use of public collection points for rural household waste.

Key Words: water sources; rural environmental governance; public participation; willingness to pay; garbage disposal behavior

一、引言

水源地周边农村环境治理是一项复杂的社会系统工程，涉及家庭食品安全、农村发展和环境保护，面临诸多复杂的挑战，处理不当容易引发一系列环境健康和社会经济问题，只有得到当地公众的积极响应才能事半功倍[①]。公众行为受自身环境意识、环境认知及其利益需求影响。特定区域水源地的自然环境、人口经济和社会文化差异较大，其公众参与行为差异较大。中亚热带山区雨量充沛，水系发达，属于生态敏感区。水源地周边农民的饮用水多数来自山上集水点，对本地山间河谷水源的依赖程度较低。此类区域农村环境治理的公众参与行为值得探讨。

水源地周边农村多为生态敏感区，环境治理的重点是减少种养业、生活污水和垃圾[②]等非点源污染负荷[③]，需要区内公众转变种养业结构以及生产生活行为。公众具有参与环境治理的权利[④⑤]，只有得到公众的广泛认可和参与才能收到良好的效果。但农村社区相对分散，各个社区的差异很大，对生态系统服务的偏好差异较大[⑤]。流域委员会的参与者更强调资源保护，社区委员会的参与者更能代表非参与者，更强调经济战略[⑥]。政府或水环境治理企业很难完全了解和考虑各个社区的真实需求[⑦]，贫困群体的生计并没有得到有效的重视[⑧]。为了将贫困群体的生计需求表达出来，并在水环境治理政策制定与实施中得到考

① Ville ASS, G M Hickey, L E Phillip. 2017. How do stakeholder interactions influence national food security policy in the Caribbean? The case of Saint Lucia. Food Policy, 68:53–64.

② 王金霞、李玉敏、黄开兴、陈煌：《农村生活固体垃圾的处理现状及影响因素》，载《中国人口资源与环境》2011 年第 21 卷第 6 期，第 74–78 页。

③ 职锦、郭太龙、廖义善、卓慕宁：《非点源污染对人类健康影响的研究进展》，载《生态环境学报》2010 年第 19 卷第 6 期，第 1459–1464 页。

④ Elder P S. 1975. Environmental Management and Public Participation. Toronto: Canadian Environmental Law Association, 384.

⑤ Delicath J W. 2004. Communication and Public Participation in Environmental Decision Making. Albany, NY, State of University of New York Press.

⑥ Larson K L, D Lach. 2008. Participants and non–participants of place–based groups: An assessment of attitudes and implications for public participation in water resource management. Journal of Environmental Management, 88(4):817–830.

⑦ Friend H D, S S Coutts. 2006. Achieving sustainable recycled water initiatives through public participation. *Desalination*, 187 (1–3):159–166.

⑧ Scodanibbio L, G Mañez. 2005. The World Commission on Dams: A fundamental step towards integrated water resources management and poverty reduction? A pilot case in the Lower Zambezi, Mozambique. *Physics and Chemistry of the Earth*, 30 (11 – 16):976–983.

虑，且公平而又高效地利用农村水环境治理资金，迫切需要各个社区内部自组织行动和社区间的相互协调[①]。政府部门、村委会、村民、专家和NGO（Non-Governmental Organizations，非政府组织）等不同类型的利益相关者的积极参与和合作可以有效地提高农村水环境治理的效果和质量[②]。社区成员可以提供当地水需求分析的知识、经验和观点，并会通过实际行为对水资源政策做出响应[③]，公众参与可以有效地缓解政府与农业经营者、农民之间的矛盾，有助于提高相关环境政策的一致性和公众认可度[④]，有助于当地政府选择适当PPP模式，提高PPP（Public-Private-Partnership，公私合营模式）的社会接受度[⑤]，是水资源可持续管理成功的关键。但多变的行政环境、公共部门的强势主导，使得应对农村环境挑战由政府管理向多方共治变得较为困难[⑥]。受当地自然环境、产业经济、社会文化和政治政策等因素的影响，水源地周边农村环境治理的公众参与进展并不顺利。在转型发展区域，各方自我协调土地利用及水环境治理方面的价值冲突十分困难，即使美国等第一世界国家依然主要依赖政府等正式政治机构的干预[⑦]。在发展

① Brunner N, M Starkl. 2012. Financial and economic determinants of collective action: The case of wastewater management. *Environmental Impact Assessment Review*, 32(1):140–150.

② Dalahmeh S S, M Assayed, W T Suleiman. 2009. Themes of stakeholder participation in greywater management in rural communities in Jordan. *Desalination*, 243 (1 - 3):159–169.

③ Dungumaro E W, N F Madulu. 2003. Public participation in integrated water resources management: the case of Tanzania. *Physics and Chemistry of the Earth*, 28 (20–27):1009–1014.

④ Rouillard J J, A D Reeves, K V Heal, T Ball. 2014. The role of public participation in encouraging changes in rural land use to reduce flood risk. Land Use Policy, 38(21):637–645.

⑤ Motte R. 2007. A tale of two cities: public participation and sustainability in dicision-making on water systems in two Polish cities. *Utilities Policy*, 15(2):134–142.

⑥ Manos B, M Partalidou, F Fantozzi, et al. 2014. Agro-energy districts contributing to environmental and social sustainability in rural areas: Evaluation of a local public - private partnership scheme in Greece. *Renewable and Sustainable Energy Reviews*, 29 (29):85–95.

⑦ Campbell L M, Z A Meletis. 2011. Agreement on water and a watered-down agreement: The political ecology of contested coastal development in Down East, *North Carolina. Journal of Rural Studies*, 27(3):308–321.

中国家，由于知识资源不均衡、参与约束条件较多以及中央政府既定的经济和就业目标，使传统贫困社区严重缺乏参与农村环境治理的制度信息和工具①。中国在自上而下农村环境治理决策中，存在多层的委托代理关系，缺乏制度化的公众参与机制②。同时，农村居民受教育程度较低，受传统儒家和道家思想影响较大，较少自发地采用激进的方式参与农村环境治理③。即使中国政府在推进退耕还林中，将政策引导与农民自愿参与相结合作为重要原则，但社区在项目设计和执行方面的参与度仍然不高，农民难以完全自主选择是否参与④。对中国河海流域的公众环境知识、环境信息渠道、水环境质量满意度、参与意愿及参与率的调查分析表明，公众参与率由高到低为生态敏感地区、城市、农村，中游公众的参与率高于上游，公众获得环境信息和知识的主要渠道为个人经验和媒体宣传，公众参与渠道并不畅通，实际参与率明显低于愿意参与率⑤。在农村环境治理的公众参与方面，研究者从社会心理学的角度分析了公众参与环境治理对健康的作用⑥、公众参与的空间分布信息⑦、农村生态脆弱性对公众参与环境治理能力的影响⑧等，

---

① Lostarnau C, J Oyarzun. H Maturana, et al. 2011. Stakeholder participation within the public environmental system in Chile: Major gaps between theory and practice. *Journal of Environmental Management*, 92 (10):2470–2478.

② Li W. 2016. Failure by design–National mandates and agent control of local land use in China. *Land Use Policy*, 52:518–526.

③ Tang B, S Wong, M C Lau. 2008. Social impact assessment and public participation in China: A Case study of land requisition in Guangzhou. *Environmental Impact Assessment Review*, 28(1):57–72.

④ Bennett M T. 2008. China's sloping land conversion program: Institutional innovation or business as usual?. *Ecological Economics*, 65(4):699–711.

⑤ Liu J, Y Luan, L Su, et al. 2010. Public participation in water resources management of Haihe river basin, China: the analysis and evaluation of status quo. *Procedia Environmental Sciences*, 2 (6):1750–1758.

⑥ 刘启明、张璟、李晓晖：《环境与健康关系的社会心理学探究》，载《调研世界》2010 年第 10 期，第 42–44 页。

⑦ Tsai B, D Lu, M Chung, M Lien. 2013. Evaluation of PPGIS empowerment –A case study of Meinong Yellow Butterfly Valley in Taiwan. *Journal of Environmental Management,* 116: 204–212.

⑧ Park S, M Howden, S Crimp. 2012. Informing regional level policy development and actions for increased adaptive capacity in rural livelihoods. *Environmental Science & Policy*, 15(1):23–37.

但多数为对参与现状描述性分析[①]，较少涉及水源地周边农村这一特定区域。因此，分析水源地周边农村环境治理的公众参与案例，探讨环境污染与健康认知、参与意愿与参与行为之间的关系，对完善农村环境健康管理中的公众参与机制具有一定的现实意义。

二、水源地周边农村环境治理公众参与行为理论框架

由计划行为理论（Theory of Planned Behavior,TPB）和 ABC 理论（Attitude-Behavior-Condition, ABC）可知，个体行为取决于其行为意向，受行为态度、主观性规范、行为控制认知的影响[②]及内外部条件的约束[③]。政府高度重视水源地周边农村环境治理工作，采取一系列规制措施加强农村环境治理，保障水源安全。农村环境治理公众参与行为是一个复杂的环境行为，是参与意愿的行动表征。心理认知、内外部条件与政府环境规制通过参与意愿对参与行为间接产生影响，具体如图 1 所示。

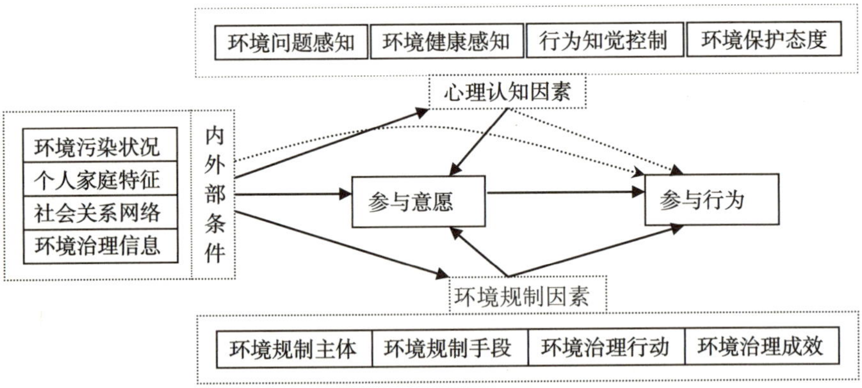

图 1　农村环境治理公众参与行为理论模型

① 潘岳：《环境保护与公众参与》，载《前沿论坛》2004 年第 13 期，第 12–13 页。

② Ajzen I. 2011. The theory of planned behavior: Reactions and reflections. *Psychology & Health*, 26 (9) :1113–1127.

③ Guagnano GA, PC Stern, T Dietz. 1995. Influences on Attitude–Behavior relationships: A Natural Experiment with Curbside Recycling. *Environment and Behavior*, 27(5) :699–718.

具体路径关系为：

1）农村环境治理公众参与意愿对参与行为产生直接的最为重要的影响。参与行为是内在参与意愿的外在行为表征。一切参与行为均需要一定的意愿基础，参与意愿是参与行为必要但非充分条件。在图中用单向实线箭头表示。

2）农村环境治理公众参与意愿受心理认知因素、内外部条件因素和环境规制因素的直接影响。参与意愿在心理认知因素、内外部条件、环境规制因素与参与行为之间可能具有中介效应。心理认知因素、内外部条件和环境规制因素可能通过参与意愿影响参与行为，也可能直接影响参与行为。

3）环境规制因素受内外部条件影响，并对农村环境治理公众参与行为具有调节作用。环境规制因素包括环境规制主体、环境规划手段、环境治理行动与环境治理成效等。环境规制主体行为、环境规划手段选择、环境治理行动开展以及环境治理成效均受环境污染状况、环境规制受众状况等内外部条件的影响。环境规制举措与成效会直接影响公众参与意愿，并对公众参与行为产生重要的调节作用。

4）心理认知因素受内外部条件影响，对参与意愿具有直接影响，对参与行为可能具有直接或间接影响。心理认知因素包括环境问题感知、环境健康感知、行为知觉控制与环境保护态度等

5）内外部条件对参与意愿、心理认知、环境规制具有直接影响，可能通过参与意愿、心理认知、环境规制对参与行为产生间接影响，也可能直接对参与行为产生直接影响。内外部条件是公众环境决策所具有的内外部条件，包括环境污染状况、个人家庭特征[①]、社会关系网络[②]、环境治理信息[③]等。这些条件往往是客观存在的事实，会通过不同方式

① Triguero A, C Álvarez-Aledo, M C Cuerva. 2016. Factors influencing willingness to accept different waste management policies: empirical evidence from the European Union. *Journal of Cleaner Production*, 138:38–46.

② Morris C. 2004. Networks of agri-environmental policy implementation: a case study of England’s Countryside Stewardship Scheme. *Land Use Policy*, 21(2):177–191.

③ Uthes S, B Matzdorf. 2016. Budgeting for government-financed PES: Does ecosystem service demand equal ecosystem service supply?. *Ecosystem Services*, 17:255–264.

对参与意愿、心理认知、环境规制和参与行为产生直接或间接的影响。

上述农村环境治理公众参与行为理论模型是基于计划行为理论和ABC理论构建的概念模型，以公众参与行为作为目标导向，参与意愿、心理认知、环境规制、内外部条件等因素之间的相互作用关系，及其对公众参与行为的具体影响路径需要通过实证研究来确定。

三、研究区域概况与农村环境治理公众参与行为现状

（一）研究区域概况

福建南平市西芹水厂水源地位于闽江中上游的西塔溪流域，森林覆盖率73.1%，周边农村含1个居委会、21个行政村，土地面积251 km^2，人口7.8万人。区内生猪养殖户较多，养殖废水多数未经处理，直接排放。化肥施用强度为263.16～3474.9 kg/hm^2，远超过全国化肥施用量警戒线225 kg/hm^2的标准。生活垃圾收集和处理率均较低，生活垃圾随意丢弃现象普遍。这些均严重影响西塔溪水环境质量和西芹水厂水源安全。本地农村饮用水均来自本村周边山上，西塔溪水环境质量恶化对本地农村的饮用水影响不大。周边农村人口外出较多，健康状况较好，平均预期寿命均为70岁以上，但结石病、癌症、高血压、白内障和糖尿病等疾病时有发生，如表1所示。85%以上的调查村庄都存在结石病病例，癌症发病较以前有所上升。为保证下游居民的饮用水安全，政府自2011年起对西芹水厂水源地周边农村环境综合整治，涉及21个村，受益人口为56 344人。

表1　部分村庄的环境与健康情况

村名	人口	人均纯收入/（元/年）	外出务工人口比例/%	平均预期寿命/岁	主要环境问题	“疾病”情况
长建	1 380	8 800	40	70	养殖污染	高血压和白内障患者占调研农户总数的20%，被调查的12户中胆结石患者1人，癌症患者2人

续表 1

村名	人口	人均纯收入/(元/年)	外出务工人口比例/%	平均预期寿命/岁	主要环境问题	“疾病”情况
棚下	1 823	6 700	33	76	上游水污染	2011 该村年对 60 岁以上的村民和党员进行健康检查，患结石病的比例为 60% ～ 70%
西岩	2 180	3 000	29	76	水污染、垃圾污染	至 2012 年 6 月，被检查出的中年（36 岁）以上结石病患者 20 ～ 30 个，癌症患者 5 ～ 6 个，白内障患者 5 ～ 6 个
石城	2 020	5 600	50	70	垃圾污染、河道污染	以尿道结石以及肺癌患者居多，其中癌症患者每年 1 个，2009 ～ 2012 年癌症患者每年增倍
洪溪	1 400	7 200	35	71	水污染	50 岁以上的糖尿病患者 3 ～ 4 个
南洲	1 400	5 000	50	76	水污染、垃圾污染	患有结石病、癌症人数约为（7 ～ 8）个 / 年
西芹	4 301	8 780	70	74	水源污染、空气污染	癌症患者 3 ～ 4 个，以结石病和高血压患者居多
跃村	2 000	8 000	33.3	80	水污染、河道污染	结石病患者约占该村总人口的 10%，高血压患者约占该村总人口的 15%

注：表中人口、收入的数据来源于对各村村委的访谈；关于农村环境问题的判断源自两方面的定性分析：一是根据农户的感知，即农户通过自身的所见、所闻、所感判断村中存在的主要环境问题；二是根据课题组成员实地调研的观察。

（二）数据来源

数据来源于西芹水厂水源地周边示范片区 21 个村 144 个农户的问卷调查和 17 个村委会实地访谈，样本选择为随机抽样，具体分布如表 2 所示。

表 2　样本分布情况

村名	有效问卷数		村名	有效问卷数		村名	有效问卷数	
	村委会	农户		村委会	农户		村委会	农户
塔前	1	8	坑布	1	4	大坑	/	7
棚下	1	7	洪溪	1	9	大坪	/	3
际上	1	8	西芹	1	7	新亭	1	3
石城	1	5	跃村	1	11	珠地	/	10
塘下	1	5	长建	1	12	沙舟坑	1	8
南洲	1	9	峰坪	/	5	陇岭	1	5
西岩	1	5	石伏	1	6	泗坑	1	1

（三）农村环境治理公众参与现状分析

农村环境连片整治工程包装项目决策、设计、招标、建设、运营等阶段，在不同阶段公众参与意愿、途径及实际参与情况不一样。经调查可知，水源地周边农村环境治理全过程中，公众参与呈现出参与意愿高，但实际参与少，参与意愿村际差异较大，参与行为的个体差异较大等特征。

第一，公众参与意愿高但实际参与行为发生少。公众参与农村环境治理的意愿较高，78.6% 的农户表示愿意参与项目决策，51.6% 愿意无偿参与项目建设，每户每年愿意为畜禽污染防治支付 178 元。就实际参与来看，农村环境治理仍是政府唱“独角戏”，公众参与甚少，多数是相关信息的告知，无法表达自身需求，缺乏监督权利，被动适应者居多，主动参与者少。在项目决策阶段，Y 县人民政府委托 A 环保工程有限公司拟定项目可行性报告和工程实施方案，从实施方案的提出、设计到编制都是政府相关部门与 A 公司沟通，村民并未参与。取水口整治工程、农村生活污水收集和处理工程、垃圾场工程、畜禽养殖污染防治工程的招标由镇招标委托中心进行招标，公开方式主要是网上公开和镇宣传栏公示。但由于村民文化水平低、离镇距离较远等原因导致大部分村民不知道工程招投标情况。在项目建设阶段，政府要求村委协助设计师解决工程项目的选址以及征地、拆迁问题，委托福建正大工程管理有限公司对工程的质量进行检查。由于公众参与缺失及政策宣传不到位，村民对环境治理认识存在偏差，未能积极配合施工，进而导致多个点需要变更设计，多个村民反对在自己门口建垃圾池或摆放垃圾桶，工程整体进度缓慢，部分村未能在规定时间内验收。在工程运营阶段，公众参与可以有效监督运营方是否及时清理垃圾、是否对养殖污水及生活污水进行处理以及处理后的污水是否达标排放，有利于提高治理成效。但在实际中，公众并不知悉被赋予公众监督和评价的权利，参与监督的积极性不高，如图 2 所示。

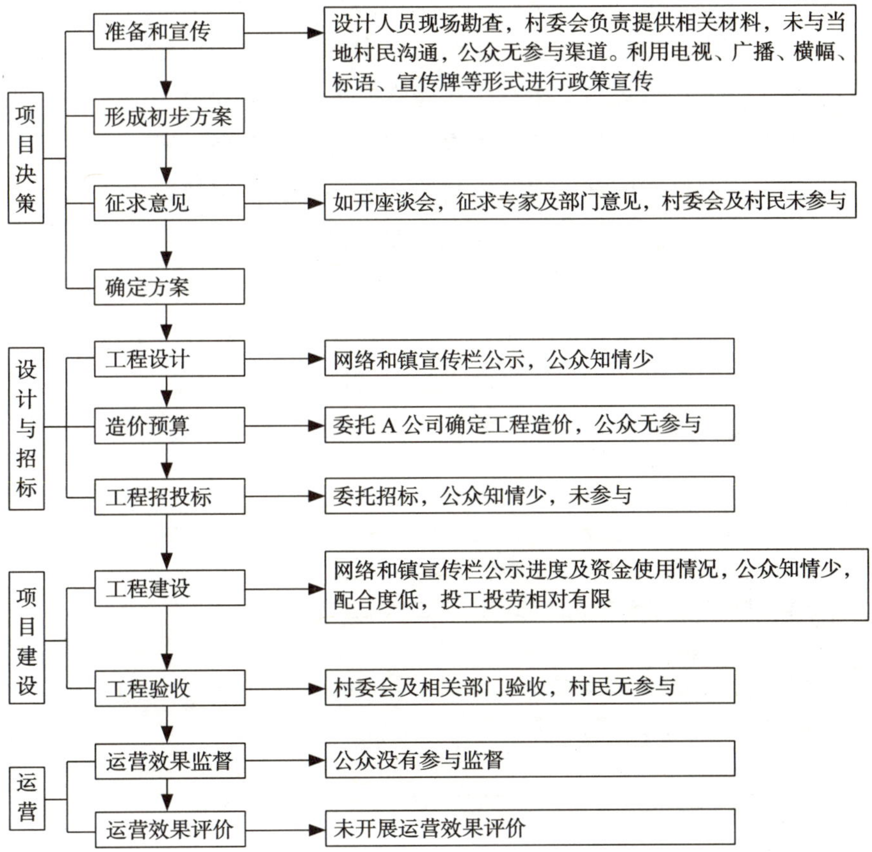

图 2　农村环境整治工程全过程公众参与情况

第二，村民畜禽养殖污染治理支付意愿村际差异较大。畜禽养殖排放的污水是当地最大的污染源，由于本区域尚未就畜禽养殖污染治理向村民进行收费。因此，以村民对畜禽养殖污染治理的支付意愿来表征村民参与治理的意愿大小。总的来看，村民对畜禽养殖污染治理的支付意愿较高，为 178 元 /（户・年），但村际差异较大。最高者为跃村，平均 306 元 /（户・年）；最低者为坑布村，为 0 元 /（户・年），如图 3 所示。各村按畜禽污染程度和支付意愿高低分为 4 种类型。一种是畜禽污染不严重，支付意愿低，以峰坪村为代表。农户对畜禽养殖污染问题及其健康影响的严重性认知不足，处于西塔溪上游，经济收入不高，因而不愿意支付畜禽养殖污染治理费用。但多数农户愿意无偿投工参与治理。第二种是畜禽污染不严重，支付意愿高，以跃村、洪溪村为代表。此类村多数处于西塔溪中下游，以蔬菜种植等产业为主，经济收入水平较高，生产生活经常受上游畜禽养殖污染影响，因此，即使本村产生的污染负荷不高，但支付意愿较高。第三种为畜禽污染严重，支付意愿高，以西岩村为代表。此类村多数农户从事养猪业，经济收入较高，政府环境规制日益严格，农户环保意识较高，愿意为畜禽养殖污染治理支付较高的费用。第四种为畜禽污染严重，支付意愿不高，以塘下村、坑布村为代表。此类村多数处于上游，养殖场多位于偏远山上，养殖污染并未对本村产生影响，村民的环境意识不高，多数认为水环境治理是政府的事情，自己没有必要出资。

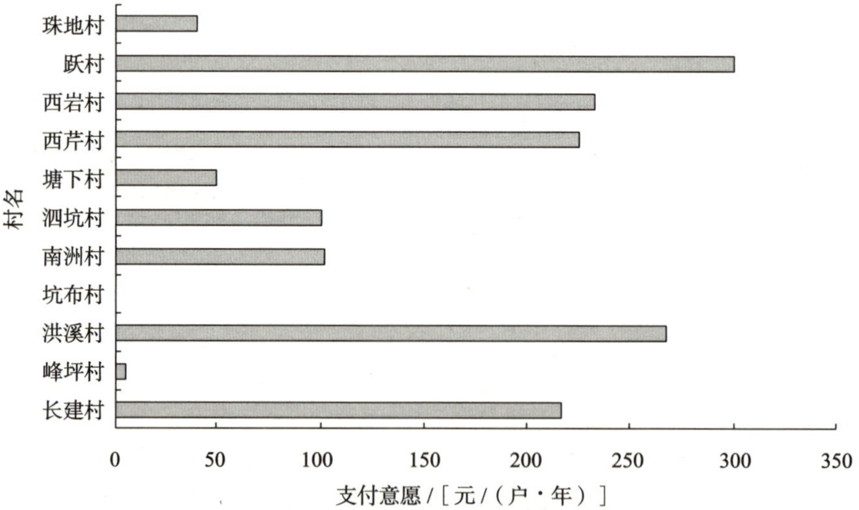

图 3　农户对畜禽污染治理的支付意愿

第三，生活垃圾集中处理的公众参与行为个体差异较大。生活垃圾是研究区域第二大污染源。在生活垃圾集中处理方面，公众的参与行为主要表现为主动将自家垃圾放入集中处理设施。所有被访问的村民均表示会主动将自家的垃圾放入村集中处理设施，也就是参与意愿为 100%，但经驻点观察，约 40% 的村民经常有乱倒垃圾的行为发生，而且各村的差异并不大。

四、公众参与意愿及行为差异原因分析

（一）公众参与意愿高，但行为低的原因分析

由前农村环境治理公众参与行为理论模型可知，参与行为主要取决于参与意愿。但在本案例中，公众的参与意愿很高，但参与行为却较少。进一步分析可知，参与行为受心理认知、内外部条件和政府环境管制因素的影响较大。

从心理认知的角度来看，90% 的农户认为环境污染治理的责任方主要是政府，政府应当投入绝大部分人力、物力、财力。虽然 71.25% 的村民认为畜禽养殖污水排放会造成溪流污染，由于本地村民均不从溪流中取饮用水，仅 1.25% 的农户认为畜禽养殖污染会引起传染病。环保态度较好，但仅限于意愿层面，行为层面更加关注自身的健康安全和利益。

从内外部条件来看，当地的畜禽养殖污染确实比较严重，但对本村居民来说，影响仅局限于气味难闻，且多数村民能直接或间接从养殖中获利，因此，村居觉得这是可以接受的。70% 的村居反映，在此地居住时间长了就习惯了，连猪粪尿的味道也闻不到了。充分的环境信息是公众参与的必要条件，有利于提高环境决策的质量[①]。虽然公众直接参与流域治理比较困难，但可以由当地政府先征询公众意见，再

① Li F, B Xiong, B Xu. 2008. Improving public access to environmental information in China. *Journal of Environmental Management*, 88(4):1649–1656.

进行协商，但流域治理目标一定要具体明确和公开①。但在本案例中，只有24.4%的受访村民了解农村环境治理工程的内容，而且是在工程实施后才从村委会的公告中获悉。公众获取环境治理信息的渠道有限，42.5%的村民通过与邻里茶余饭后交谈等非正式方式了解信息的，15%的村民通过村委会通知，17.5%的村民通过村部宣传栏获得信息。无法及时获得相关环境治理信息使得公众参与行为难以发生。村民参与环境治理往往要求参与者具有一定的参与能力，需要承担一定的责任②，在本案例中具有此种能力，可以承担相应责任的居民较少，多数只能由村委会成员承担。农户并非孤立地参与农村环境治理，而是相互影响的，农村社会网络直接影响每一个农户的参与行为。本案例中的农村是一个熟人社会，26%则为了维护邻里关系，会忍气吞声，默默承受畜禽污染带来的健康风险。

从政府环境规制的角度来看，政府环境规制机构、手段、执行力度和成效均会影响到农村环境治理的公众参与。37.7%的农户反映，找政府或者村委来解决没用，无法从根本上解决问题，有时甚至官官相护。另外，40%的村民已对公众参与失去信心，认为即使让公众参与也没用。

（二）畜禽养殖污染支付意愿的影响因素分析

为了找出影响公众参与意愿的关键因素，本文选择逐步回归分析法进行分析，以公众对畜禽养殖污染治理的支付意愿（元/年）为被解释变量 Y，从内外部条件、心理认知和政府规制方面选择设置7个解释变量，如表3所示。

---

① Albrecht J. 2016. Legal framework and criteria for effectively coordinating public participation under the Floods Directive and Water Framework Directive: European requirements and German transposition. *Environmental Science & Policy*, 55:368–375.

② Howard T M. ‘Raising the bar’: The role of institutional frameworks for community engagement in Australian natural resource governance. *Journal of Rural Studies*, 2017, 49:78–91.

表 3　公众参与畜禽养殖整顿的影响因素分析的变量说明表

变量名称			变量说明	预期影响方向
被解释变量	Y 公众对畜禽养殖污染治理的支付意愿		单位：元 / 年	
解释变量	内外部条件	X_1 性别	0= 男；1= 女	+
		X_2 年龄	虚岁	+/-
		X_3 受教育年限	不包括学前班和培训班	+
		X_4 个人年均总收入	单位：元	+
		X_5 有无获得相关环境治理信息	0= 无；1= 有	+
	心理认知	X_6 对环保工作必要性的认知	0= 没必要；1= 有必要	+
	政府规制	X_7 对政府畜禽养殖污染治理工作的满意度	0-100	+

经过筛选，符合上述变量选择的调研样本数量为 105，应用 Eviews 软件进行逐步回归分析，结果如表 4 所示。

表 4　公众参与畜禽养殖整顿的影响因素分析结果

变量	系数	T 检验值	概率	R^2 值	调整的 R^2 值
C	145.525	2.512	0.014	0.189	0.165
X_1	−154.467	−2.788	0.006		
X_6	104.756	1.982	0.050		
X_7	−77.992	−2.916	0.004		

由表 4 可知，“性别”“对环保工作必要性的认知”和“对政府畜禽养殖治理工作的满意度”对农户畜禽养殖污染治理支付意愿产生显著影响，其他因素影响不显著。从影响程度大小来看，性别＞对环保工作必要性的认知＞对政府畜禽养殖治理工作的满意度。性别与支付意愿呈负相关，男性农户的支付意愿较高，与欧洲国家女性环境支付意愿更高[①]的结果相反。主要原因是畜禽养殖的主要工作由男性承担，

① Triguero A, C Álvarez-Aledo, M C Cuerva. 2016. Factors influencing willingness to accept different waste management policies: empirical evidence from the European Union. *Journal of Cleaner Production*, 138:38–46.

男性更深知其中污染程度。另外，男性更爱面子，在调查中表现出更高的支付意愿。环保态度与支付意愿呈正相关，环保态度越好的农户的支付意愿较高，与 Triguero 的研究结论一致。对政府环境治理工作满意度产生了显著的负向影响，即对政府环境治理工作满意度越高，支付意愿越低。与原假设相反，进一步深入访谈得知，农户觉得政府做得已经够好了，且政府前期已经支付了所有费用，因此没有必要再进一步加大畜禽养殖污染治理，也没有必要为此支付相关费用。只有对政府畜禽养殖污染治理不满意，才会觉得有必要加大治理力度，自己愿意为新增的治理工作支付一定的费用。年龄、受教育年限、人均年均总收入和有无获得相关环境治理信息均没有对农村畜禽养殖污染治理支付意愿产生显著影响，其主要原因是农户的受教育年限均不多，差异不大，且不同教育年限的环保意识并没有太大差异。能及时获得环境治理信息的农户不多，且所获得的信息并不充分，对其支付意愿并未产生显著影响。农户支付意愿更多受其觉得应不应支付的认知影响，受其支付能力的影响不大。因此，有必要提高农户的环保意识，提高政府环境治理的公众参与度和信息透明度，明确污染者治理责任。

（三）生活垃圾处理公众参与行为的影响因素分析

从参与意愿变成参与行为还受到具体外部条件的影响，为了更好揭示这些条件的影响，本文以生活垃圾处理的公众参与行为为例进行分析。公众参与生活垃圾处理的行为界定为是否将垃圾倒入公共垃圾桶。参与意愿调查表明，144 户被调查农户均表示会将垃圾倒入公共垃圾桶，即参与意愿为 100%。以“是否将垃圾倒入公共垃圾桶”为被解释变量 Y。通过在相关村驻点观察 1 周，观测到 56 个农户的倒垃圾行为。如果 1 周内有 1 次未将垃圾倒入公共垃圾桶，则被界定为未能将垃圾倒入公共垃圾桶。由于所有的被调查者都表示意愿将垃圾倒入公共垃圾桶，在心理认知变量上都认为有必要积极配合垃圾集中处理，对政府垃圾集中处理均表示满意，没有个体差异，因此，在解释变量选择不考虑此 3 方面因素的影响。重点从内外部条件方面寻找解释变量，最终选择 6 个解释变量：农户受教育年限 X_1、生活垃圾产生

量 X_2、塑料袋的废弃量 X_3、离家最近的公用垃圾桶的距离 X_4、垃圾清理频率 X_5 及垃圾桶放置密度 X_6，如表 5 所示。应用 Logistic 回归模型分析找出影响生活垃圾处理公众参与行为的关键因素。

表 5　公众参与生活垃圾处理的影响因素分析的变量说明表

变量名称		变量说明	预期影响
被解释变量	Y 是否将垃圾倒入公共垃圾桶	0= 否，1= 是	
解释变量	X_1 受教育年限	不包括学前班和培训班	+
	X_2 生活垃圾产生量	单位：斤[①]/d	+
	X_3 塑料袋的废弃量	单位：个 / 月	+
	X_4 离家最近的公用垃圾桶的距离	单位：m	−
	X_5 垃圾清理的频率	单位：次 /d	−
	X_6 垃圾桶放置密度	单位：桶 / 人	+

应用 SPSS17.0 统计分析软件对 56 个有效样本行为观测数据进行 Logistic 逐步回归分析，结果如表 6 所示。

表 6　公众参与生活垃圾处理的影响因素分析结果

变量	系数	标准差	统计量	概率值
C	7.453	1.977	14.217	0.000
X_1	−0.302	0.148	4.174	0.041
X_4	−0.005	0.002	7.588	0.006
X_5	1.379	0.407	11.500	0.001

由表 6 可知，“受教育年限”“离家最近的公用垃圾桶距离”和“垃圾清理频率”对“公众是否将垃圾丢入公共垃圾桶”行为产生显著影响，影响程度大小为“垃圾清理频率”>“受教育年限”>“离家最近的公用垃圾桶距离”。

“受教育年限”对“将垃圾倒入公共垃圾桶”产生了显著的负向影响，也就是说受教育年限越长，更不会把垃圾倒入公共垃圾桶。这

① 1 斤 =500 g。

个结果和一般认知截然相反。其主要原因是受教育年限普遍较短的情况下，受教育年限越短的村民越“听话”，越遵守规定，会主动把垃圾倒入公共垃圾桶。而受教育年限稍长的村民有一定“主见”，反而没有严格遵守规定。这再一次表明，在较短的受教育年限范围内（初中及以下），村民的环境保护意识和行为与受教育年限并不一定存在正向关系，有时反而会呈现负向关系。这是当前加强农村环境治理公众参与必须重视的事实。关键是做好动员[①]，让更多的村民认识到问题所在，认同环境治理，自觉行动。

“离家最近的公用垃圾桶距离”对“将垃圾倒入公共垃圾桶”产生了显著的负向影响，也就是说公共垃圾桶离家越远，村民越不会把垃圾倒入公共垃圾桶。这个结果与原假设一致。25%的村民未将垃圾丢入公共垃圾桶的理由是垃圾桶离家太远或者附近没有垃圾桶。因此，在公共垃圾桶数量一定的情况下，合理确定公共垃圾桶放置位置有利于提高村民参与行为。

“垃圾清理频率”对“将垃圾倒入公共垃圾桶”产生了最大的显著正向影响，也就是说垃圾清理越频繁，村民越会把垃圾倒入公共垃圾桶。如果垃圾能被及时清运，村民每次倒垃圾时就会看到较为干净的环境，自然不好意思不将垃圾倒入公共垃圾桶。如果公共垃圾桶内的垃圾没有被及时清运走，就可能成为一个新的垃圾堆放场地，会吸引蚊虫、散发臭气，严重影响周围居民生活，进而会使村民觉得把自家垃圾倒入和不倒入公共垃圾桶对周边环境没有太大影响。39.58%的村民未将垃圾倒入公共垃圾桶的理由就是清理频率过低。提高垃圾清理频率，及时清运垃圾，让村民看到和切实享受到农村环境治理的成效，有利于促进村民参与农村环境治理。

---

① Sheely R. 2015. Mobilization, Participatory Planning Institutions, and Elite Capture: Evidence from a Field Experiment in Rural Kenya. *World Development*, 67:251–266.

五、结论与讨论

根据案例分析，可以得出以下结论：

水源地周边农村环境治理公众参与行为不仅取决于其行为意向，还受心理认知、内外部条件及政府管制等因素的影响，其中，内外部条件往往更为关键。因此，促进农村环境治理公众参与需要根据农村的资源环境、社会经济、个人家庭、社会网络和信息条件，提高村民参与环境治理的能力和意识。西芹水厂水源地农村环境治理公众参与意愿高，但实际参与行为少。其主要原因是政府包揽了主要事务，公众缺乏有效的参与渠道、信息和能力，由于没有涉及其根本的环境与健康利益，主动参与的动力不足。因此，有必要明确政府在农村环境治理中的权责边界，明确农村环境治理工作中的公众参与权利和要求，建立健全公众多渠道参与农村环境治理的机制，加大农村环境治理信息公开力度，加大宣传和培训，增加公众参与意识，提高公众参与能力，切实使较高公众参与意识有效地转化为参与行动。

性别、环保认知和对政府环境管制的感知是影响农户对畜禽养殖污染治理的支付意愿的关键因素。有必要有针对性地加强环保宣传和信息公开，让更多的公众了解农村环境治理对每个人健康与安全的重要作用，促进政府由“全程包揽”向“主导协调”转变，充分整合各方的力量和资源，营造公众参与治理的良好氛围，切实提高公众参与农村环境治理的意愿。

个人环保素质、环保设施条件和环境服务质量对农村生活垃圾集中处理的公众参与行为具有显著的影响。但受教育年限在特定的范围内与个人环境治理参与行为呈负相关，因此，在宣传教育时更应强调个人的环保责任和行为规范。环保设施建设需要科学布局，方便公众参与。对一些无法避免的环境风险，应通过程序公平和物质补偿来确保风险承担者权利和利益[①]。环境公共服务需要能让村民具有获得感，

① Otsuki K. 2016. Procedural equity and corporeality: Imagining a just recovery in Fukushima. *Journal of Rural Studies*, 47:300–310.

切实感受到环境治理的成效。

上述基于南平市延平区西芹水厂水源地公众参与案例的结论主要通过理论分析和调查数据描述性统计和多元回归分析得出，而影响农村环境治理公众参与行为的意愿、心理认知、政府管制和内外部条件因素之间是相互作用的。扩大样本量，特别是村的样本量，应用结构方程，探讨这些因素之间的相互作用关系以及它们影响农村环境治理公众参与行为的具体路径很有意义，值得进一步探讨。